NAPOLEÓN

JAIME I

ALEJANDRO MAGNO

MARCO POLO

LIVINGSTONE

Carvajal Ester

N° 512

CERVANTES

EL CREADOR
DE DON QUIJOTE

EDICIONES TORAY, S.A.
BARCELONA-MADRID-BUENOS AIRES

Texto: E. SOTILLOS
Guión: E. M. FARIÑAS
Dibujos: A. SANCHEZ
Portada: BOSCH PENALVA

© Ediciones Toray, S.A. 1977
Duero, 6. Barcelona (16)
Printed in Spain - Impreso en España

Número de Registro: 1775-1977
Depósito Legal: B. 8414-1977
ISBN 84-310-1682-5

I.G. Miralles — Torns-2, BARCELONA-14

EL GENIO DORMIDO

1

La niebla del atardecer cubría como un sudario gris, húmedo y frío, los prados y las colinas de Mühlberg, a orillas del río Elba.

En el interior de una de las frágiles tiendas del campamento, vigilada por varios centinelas, un hombre dormitaba. Los soldados eran españoles y el hombre dormido, abrumado por las responsabilidades de una guerra interminable y el dolor de sus numerosos achaques, era el rey Carlos I, soberano de España y de su vasto imperio de ultramar, y emperador de Alemania.

Carlos, hijo de doña Juana la Loca y de Felipe el Hermoso, había heredado las coronas de Aragón y Castilla, Cerdeña, Nápoles y Sicilia, en unión del imperio de las Indias. La herencia de sus abuelos paternos, Maximiliano y María, no fue menos importante: los dominios de la casa de Habsburgo y los Países Bajos.

Ahora, en el año 1.547, el mismo en que naciera Miguel de Cervantes, Carlos I de España y V de Alemania combatía en Sajonia contra los ejércitos de Juan Federico y Felipe de Hesse.

Ya cerrada la noche, otro hombre, a quien los centinelas saludaron con respeto, entró sigilosamente en la tienda como si temiera perturbar el reposo de su dueño y señor.

—¿Dormís, Majestad? —preguntó el recién llegado, notando que el emperador se rebullía, inquieto, en su camastro.

—No, mi buen amigo —repuso Carlos—. ¿Acaso es posible dormir en la víspera de una batalla que ha de resultar tan decisiva para el triunfo de nuestra noble causa?

—No, Majestad.

—Al otro lado del río, tras esas colinas, Juan Federico y el «landgrave» Felipe de Hesse velan también sus armas.

CERVANTES

¡Adelante, valientes! ¡Por España!

A mediados del siglo XVI el Imperio Español había alcanzado su momento culminante, gracias a los hechos de armas y a los triunfos de los tercios españoles.

Era un tiempo en el que Su Católica Majestad el Rey Felipe II podía asegurar, sin jactancia, que era el más poderoso de todo el mundo.

Mas también era el tiempo en que los reinos europeos, debilitados por continuas y sangrientas guerras...

El sol no se pone nunca en mis dominios.

El duque de Alba, pues éste era el personaje que acababa de entrar en la tienda del emperador, manoseó su barba entrecana.

—¿Creéis que los luteranos se decidirán a iniciar el ataque, señor?

—Estoy convencido de ello —repuso el emperador—. Sus fuerzas son muy superiores a las nuestras.

—Sólo en número, Majestad.

—Lo sé, duque —sonrió Carlos, que conocía sobradamente la opinión que Fernando Alvarez de Toledo, tercer duque de Alba, tenía de sus propias tropas, reclutadas en la península.

—¡Los soldados españoles son los mejores del mundo!

—Es cierto, mi estimado amigo. ¿Cómo puedo dudarlo?

—Entonces, Majestad, ¿por qué desconfiar de los resultados de la batalla? Nos asiste la razón y el derecho y, por lo tanto, Dios se pondrá de nuestra parte.

—En Él confío.

—¡Venceremos, Majestad! Puesto que esos orgullosos señores de la Liga protestante no quisieron escuchar vuestras razones, lógico es que sean sometidos por la fuerza.

—Conviene que así sea, duque —dijo el emperador—, ya que es urgente que pueda ocuparme de la buena marcha del Concilio de Trento y de preparar el advenimiento al trono de mi hijo Felipe.

—¿Seguís pensando en la abdicación, Majestad?

—Sí, mi buen amigo —repuso Carlos—. Forzoso es que un imperio tan grande pase a unas manos más firmes que las mías.

Las fuerzas de Juan Federico y de Felipe de Hesse, pese a su superioridad, no presentaron batalla. Podían haber forzado el paso por el Elba, pero no lo hicieron.

A la noche siguiente, una compañía de las tropas del duque de Alba se preparó para cruzar el río a nado. La operación se llevó a cabo al amanecer, aprovechando la espesa niebla. Los soldados españoles, con las espadas entre los dientes, nadaron hacia la otra orilla y atacaron a los centinelas enemigos.

Los rebeldes, sorprendidos por el inesperado ataque, se agruparon para oponer una feroz resistencia.

La compañía de exploradores consiguió apoderarse de un puente de barcas, permitiendo así que cruzara a la otra orilla el grueso de las fuerzas imperiales.

El duque de Alba, animando a los suyos, enarbolaba el estandarte, gritando sin cesar:

—¡Adelante, mis valientes! ¡Recordad que combatimos por España y por la causa de la verdadera fe!

La batalla no tardó en decidirse en favor de los ejércitos de Carlos V, que sólo perdió a cincuenta de sus hombres. Juan Federico, herido y derrotado, fue conducido al campamento español en calidad de prisionero.

El emperador, que había permanecido a caballo durante más de veinte horas, recibió al cautivo en su tienda.

—¡Ejecutemos a ese miserable rebelde, Majestad! —propusieron algunos nobles del séquito del rey.

—¡Calma, caballeros! —les apaciguó el emperador, mientras se despojaba de la pesada armadura—. No es de nobles corazones insultar a los vencidos.

—¡Es un rebelde!

—¡Un hereje!

—¿Acaso él no os ha insultado a vos, Majestad? De todos es sabido que, cuando os menciona, se refiere a vos como «Carlos de Gante, el así llamado emperador», olvidando todos los títulos a que tenéis derecho.

Pero el emperador no ejecutó al rebelde; aconsejado por su ministro Granvella, se conformó con mantenerle prisionero.

La derrota de Juan Federico y el sometimiento del «landgrave» Felipe de Hesse puso fin a la rebelión.

—Ahora —dijo el emperador—, podré volver mi atención al Concilio de Trento, cuyas deliberaciones están interrumpidas en Bolonia.

Carlos V, reunido con su Dieta en Augsburgo, en el mes de septiembre de 1547, requirió al Papa Pablo III para que el Gran Concilio volviera a trasladarse a Trento.

—¿Vais a presidirlo vos, Majestad? —le preguntó uno de los miembros de la Dieta.

—No —repuso el emperador—. Esa misión corresponde al Papa, como jefe supremo de la Iglesia. Nos, caballero, sólo podemos rogarle que no defraude nuestras esperanzas.

Los esfuerzos de Carlos V por conseguir la unidad religiosa en Europa se estrellaron contra muchos inconvenientes. Todos sus intentos para llegar a un acuerdo no consiguieron el éxito apetecido.

—España nunca se apartará de la verdadera fe, Granvella —dijo el emperador a su primer consejero cuando se firmó en Augsburgo, en mayo de 1548, el compromiso aceptado por los teólogos de ambos bandos.

—Eso es cierto, Majestad.

—Por tal razón, la Dieta ha decidido que el convenio sólo sea aplicado en territorio protestante.

—Sin embargo, dudo que sea aceptado plenamente, señor. Mucha es la soberbia de los herejes y grande la ambición de los príncipes que la apoyan con sus armas.

Razón tenía en dudar el ministro de Carlos V, ya que los tumultos y protestas se sucedían en todas las ciudades del Norte; sólo en el Sur, donde el protestantismo tenía pocos adeptos, se puso en vigor el acuerdo.

Pero el emperador no se desanimó por ello. No en vano, al iniciarse el Concilio, el portavoz de los cardenales reunidos había dicho:

—«El emperador Carlos es el ángel enviado del Cielo para la salvación de la Cristiandad.»

Al par que luchaba contra los príncipes rebeldes, el emperador tuvo que batallar contra Francia, en una guerra impuesta y no buscada, para defenderse de la alianza pactada entre Enrique II y los turcos.

Los nobles y consejeros que componían el séquito de Carlos no pudieron contener su indignación:

—¿Cómo es posible que un rey cristiano se haya aliado con los infieles que amenazan nuestra civilización?

—¿Es lícito pactar con los piratas que amenazan nuestras costas y retienen en cautiverio a tanta gente de nuestra tierra?

—¡Es una traición!

—¡Una villanía, de la que tendrá que dar cuenta ante el Juicio de Dios!

—No extrañéis tal proceder, caballeros —fue la respuesta del emperador—. El hijo de Francisco I ha heredado todo el resentimiento y afán de desquite de su augusto padre.

Francisco I había disputado a Carlos V los derechos de la corona imperial, siendo esto la causa de las continuas guerras entre ambos monarcas, siempre desfavorables para el soberano francés.

Los españoles, aunque obligados a sostener casi todas las cargas y gastos de las empresas bélicas de su rey, se acomodaron con orgullo a ese sacrificio porque le consideraban el jefe y protector de la cristiandad en todo el Occidente. Soportaban con paciencia las repetidas ausencias de su soberano y no le regateaban los soldados ni los subsidios pecuniarios necesarios para llevar a cabo su glorioso cometido.

Desde Roma, en julio de 1530, el padre García de Loaysa, confesor del rey Carlos, le había escrito:

Recuerdo que Vuestra Majestad me decía con frecuencia que deseaba dar la vida por Cristo, para darle así gracias de las muchas que de Él habéis recibido. Éste es el momento apetecido por vos; ahora veremos si estabais engañado o si hablaba vuestro corazón. Si fuese necesario vender un reino y curar con el producto la enfermedad de la herejía, se vendería. Pues con

... VEÍAN AMENAZADAS SUS COSTAS POR UN NUEVO Y CADA VEZ PELIGRO MAYOR: LOS TURCOS.
¡LOS TURCOS! ¡VIENEN LOS TURCOS!
¡SÁLVESE QUIEN PUEDA!
LOS QUE SE HAN RENDIDO SALVARÁN LA VIDA. ¡LLEVADLES A NUESTRAS GALERAS!
PARA AQUELLAS POBRES GENTES COMENZABA EL MÁS TRÁGICO DE LOS DESTINOS: ¡EL CAUTIVERIO!
TALES ERAN LAS CIRCUNSTANCIAS QUE DOMINABAN EN LOS AÑOS DE LA MITAD DEL SIGLO XVI. Y FUE EN AQUELLOS MOMENTOS CUANDO, EN PLENO 1547, EN LA CIUDAD DE ALCALÁ DE HENARES, NACIÓ UN NIÑO QUE FUE BAUTIZADO EN LA IGLESIA DE SANTA MARÍA LA MAYOR CON EL NOMBRE DE MIGUEL DE CERVANTES.

ello ganaríais vos, durante vuestra vida, este mundo; y después, el cielo que por derecho os pertenece.

Los leales súbditos del emperador, si ello hubiera sido posible, no habrían vacilado en firmar ese escrito. Pero sólo les era dado expresar sus entusiasmos con palabras más sencillas:

—¡Caiga el oprobio contra quien se permita dudar de que nuestro César habrá de librarnos de herejes y turcos!

Los turcos, por cierto, eran, para ellos, una amenaza más inmediata y constante. Envalentonados de nuevo, rehechos de anteriores derrotas, se aprovechaban de la ocasión para enviar sus galeras a las costas españolas, provocando el terror y la destrucción en pueblos y aldeas.

Mientras Hernán Cortés y Francisco Pizarro consolidaban un vasto imperio en el nuevo mundo descubierto por Colón, los piratas argelinos sometían a cautiverio a centenares de españoles.

2

El otoño del año 1547 fue testigo, en Alcalá de Henares, del nacimiento de un niño al que, en la pila bautismal de la iglesia de Santa María la Mayor, se le impuso el nombre de Miguel.

El hecho, aparte de a sus padres, Rodrigo de Cervantes y doña Leonor de Cortinas, no conmovió a nadie. A lo sumo, a varios vecinos.

A ningún ser humano le es permitido predecir el futuro y, por lo tanto, tampoco era posible adivinar que en la mente y el corazón de aquel niño dormía, en silencio, la brillante estrella de un futuro genio.

Rodrigo de Cervantes, el padre de Miguel, era un modesto cirujano, un humilde hidalgo, venido a menos y cargado de deudas, a quien la llegada de un nuevo hijo no pareció alegrar demasiado.

—¿Cómo vamos a alimentarle, Leonor?

—Ten confianza en Dios, Rodrigo. ¿No dicen que, al nacer, cada niño trae un pan debajo del brazo?

—Eso dice el vulgo, mi querida esposa. Pero no creo que pueda aplicarse en nuestro caso. Este pequeño, según temo, sólo servirá para acrecentar nuestras constantes necesidades, ya de por sí bastante grandes.

—No hay mal que cien años dure, Rodrigo.

—Pero sí toda una vida.

—El Señor se compadecerá de nosotros y la buena fortuna, no lo dudes, acabará por llamar a nuestra puerta.

NACIDO EN EL SENO DE UNA FAMILIA DE HIDALGOS VENIDOS A MENOS, MIGUEL DE CERVANTES NO FUE ACOGIDO CON MANIFESTACIONES DE ALEGRÍA.
DICEN QUE UN HIJO VIENE CON UN PAN BAJO EL BRAZO, PERO ÉSTE NUESTRO SÓLO HARÁ AUMENTAR NUESTRAS NECESIDADES, YA BASTANTE GRANDES.
LA MALA FORTUNA QUE SE CEBA EN NOSOTROS NO PUEDE DURAR. EL SEÑOR SE COMPADECERÁ DE NUESTROS SUFRIMIENTOS.
¡OJALÁ NO TE EQUIVOQUES! PERO, TEMO QUE SI LAS COSAS NO SE ARREGLAN... DÉ CON MIS HUESOS EN LA CÁRCEL.
NO SE EQUIVOCÓ EN SUS TEMORES EL HIDALGO, PUES, TRANSCURRIDOS ALGUNOS AÑOS, FUE EMBARGADO Y LLEVADO A LA CÁRCEL POR DEUDAS.
TE TRAIGO BUENAS NOTICIAS. EL JUEZ TE ACORTA LA SENTENCIA. SALDRÁS LIBRE ESTE FIN DE MES.
TENDREMOS QUE IRNOS DE ALCALÁ DE HENARES. NO SOPORTO LA IDEA DE QUE LA GENTE NOS SEÑALE CON EL DEDO.
AQUELLAS FUERON LAS RAZONES QUE OBLIGARON AL MATRIMONIO A DEJAR LA CIUDAD CASTELLANA, PARA MARCHAR A SEVILLA DONDE ESPERABAN TENER MEJOR FORTUNA.

—¡Es inútil esperar la visita de tan veleidosa dama, Leonor! —exclamó el cirujano, a quien hubiera sido más acertado llamar curandero o practicante de sangrías.

—No te desanimes, te lo suplico —rogó la animosa mujer a su esposo, apretando entre sus brazos al niño.

—Tendremos que buscar la fortuna en otra parte —murmuró Rodrigo.

—¿Dónde? —preguntó la mujer.

—En Valladolid, donde ahora reside la Corte. Allí, según dicen, no faltan ocasiones para prosperar.

Miguel de Cervantes salió de Alcalá de Henares cuando tenía ya siete años. La familia se estableció en Valladolid, a la sazón la verdadera capital de España, donde si bien es cierto que abundaban las oportunidades para un hombre que deseara mejorar su suerte, para cada una de ellas había cien aspirantes a ocuparla.

El padre de Miguel no fue muy afortunado, ni sus servicios demasiado apreciados.

Transcurrido algún tiempo, la hermosa ciudad del Pisuerga dejó de ser la Corte de España. Carlos V, que había renunciado a la corona en favor de su hijo Felipe, se retiró al monasterio de Yuste, en Extremadura.

Felipe II se trasladó a Madrid en 1561, y hacia allí se dirige la familia Cervantes, cuando Miguel contaba ya quince años.

En Madrid, la posición del padre de Cervantes se hace un poco más desahogada. Pero el inquieto cirujano no está todavía satisfecho.

—Creo que la fortuna, tan ansiada, nos espera en Sevilla —le dice un día a su esposa.

La mujer, sumisa y obediente, acepta el nuevo traslado.

Sevilla, por aquel entonces, era una de las más animadas e importantes ciudades españolas. En su puerto recalaban los barcos que venían de ultramar, llevando en sus bodegas las especies y el oro procedentes del nuevo mundo. Por sus calles, siempre animadas, avanzaban las carretas que transportaban desde el Guadalquivir a la Real Casa de la Contratación de las Indias, las riquezas de Méjico y Perú.

En esta Sevilla, animada y llena de esplendor, donde marineros y aventureros esperaban embarcarse hacia las nuevas tierras del otro lado de la mar, se acomodó, en una pobre casa, la familia Cervantes.

—¿Estaremos mejor aquí? —preguntó, no sin cierta inquietud, doña Leonor de Cortinas.

—¿Cómo puedes ponerlo en duda? —repuso su esposo—. ¿Acaso este tibio sol no es ya una promesa de felicidad y de venturas?

—Sin embargo... —dudaba su esposa.

—No temas, mi dulce compañera. Los días de agobio y miseria han quedado atrás para siempre. A esta puerta no habrán de acudir los acreedores y los corchetes de la justicia, sino gente deseosa de solicitar mis servicios. ¡Se acabaron los malos tiempos, estoy seguro!

—Quiera Dios que no te equivoques, Rodrigo.

En los ojos de Miguel brillaba el mismo fulgor que en la mirada de su padre.

—¿No es maravilloso todo esto? —exclamó el andariego cirujano, señalando hacia la calle desde la puerta de la casa.

—Sí, padre —aprobó el joven, exaltada su imaginación por el alegre deambular de las gentes y por el chirriar de los carruajes que él imaginaba cargados de oro y plata—. ¡Cosa es de admiración y no vista en otro lugar!

JUVENTUD INQUIETA

1

Una radiante mañana de primavera Miguel de Cervantes cruzó el puente de Triana para dirigirse a la margen derecha del Guadalquivir, donde estaban anclados los barcos que procedían de las Indias.

En los muelles, un incesante rumor de gentes, apresuradas unas, ociosas las otras, contemplaban aquellos pesados cascos que habían cruzado mares remotos, llevando en sus velas desplegadas al viento la ilusión de la aventura y el exótico perfume de las brisas del trópico.

Animados por un afán en el que se mezclaban la ambición y los sueños más románticos, hombres que jamás habían navegado no vacilaban en enrolarse para partir en busca de la gloria y la fortuna.

Miguel, como todos los jóvenes de la ciudad, compartía también tales anhelos.

—¡Ah! —exclamó, mientras paseaba por el muelle en compañía de uno de sus jóvenes amigos—. ¡Daría cualquier cosa por acompañar a estos valientes a las Indias!

—¡Bah! —se encogió de hombros su acompañante—. No todos vuelven ricos.

—No es el dinero lo que me importa, sino la gloria de servir a España.

—Eres un idealista Miguel —dijo el otro—. Yo por nada del mundo me haría soldado.

—¿Qué quieres ser, entonces?

—Comerciante, lo mismo que mi padre.

—Corta aspiración la tuya, amigo.

—Creo que el comercio es lo más importante.

—Te equivocas: no hay mayor honra que la de ser soldado.

—Los comerciantes son más afortunados.

UNA VEZ EN LA CIUDAD ANDALUZA, ENTONCES PUERTA ABIERTA A LOS AVENTUREROS QUE PARTIAN HACIA LAS INDIAS EN BUSCA DE GLORIA Y FORTUNA, MIENTRAS SU PADRE SE AFANABA POR LOGRAR UNA POSICIÓN, EL PEQUEÑO MIGUEL ACARICIABA SUEÑOS DE GRANDEZA.

—¡CUÁNTO DARÍA POR SER UNO DE ESOS VALIENTES QUE VAN A LAS INDIAS!

—PUES YO NO ME HARÍA SOLDADO POR NADA DEL MUNDO. MI PADRE DICE QUE LOS COMERCIANTES SON LOS MÁS AFORTUNADOS.

—AFORTUNADOS EN DINERO, SÍ ES POSIBLE QUE LO SEAN; PERO AL SOLDADO LE ESPERAN OTRAS GLORIAS: LA DE VENCER AL ENEMIGO, LA DE CONQUISTAR NUEVAS TIERRAS PARA ESPAÑA...

—¡COMO SE VE QUE NO SABES DE LO QUE HABLAS!... PEQUEÑA GLORIA ES LA QUE AGUARDA AL SOLDADO QUE MUERE LEJOS DE SU PATRIA, O QUE VUELVE MUTILADO Y DEBE VIVIR DESPUÉS DE LA CARIDAD PÚBLICA.

—ESOS SON LOS REVESES PROPIOS DE UN OFICIO, PERO ESTOY SEGURO DE QUE CUANDO YO SEA SOLDADO CONSEGUIRÉ LA GLORIA, Y TAL VEZ LA FORTUNA.

—¡QUE DIOS TE CONSERVE ESE OPTIMISMO, CRIATURA!

—En dinero, tal vez. Pero el soldado anhela otros bienes: conquistar nuevas tierras, navegar por otros mares, contemplar otros paisajes, otros países extraños.

Un anciano que había estado escuchando la conversación de los dos jóvenes, se acercó a Miguel para decirle:

—¡Insensato! ¡Cómo se evidencia por tus palabras el poco seso de una mente juvenil y alocada!

—¿Por qué decís eso, señor?

—Porque bien se ve que no sabes de qué hablas.

—¿No es bueno ser soldado?

—¡Bah! ¡Poca gloria es la que aguarda al que escoge la carrera de las armas! Morir lejos de su hogar y de los suyos o, en el mejor de los casos, regresar enfermo o mutilado.

—Algunos vuelven ricos —aseguró Miguel.

—Los honores y las riquezas son más fáciles de conseguir en la Corte, sirviendo a los grandes señores.

—¿Doblando el espinazo y haciendo reverencias?

—¿Tanto os importa eso?

—No es oficio que se avenga con mi modo de ser, caballero. No tengo madera de cortesano. Los laureles que se consiguen con el propio esfuerzo, en reñidas batallas, eso es lo que me importa.

—¡Hum! —refunfuñó el anciano—. Dices que quieres ser soldado, jovenzuelo, pero hablas como un poeta.

—¡Ojalá lo fuera, señor, que las armas y las letras no son carreras que se estorben entre sí sino que, por el contrario, se complementan!

—Lo dicho —murmuró el anciano, volviendo la espalda a los dos jóvenes—: hablas como un poeta.

—Sin embargo, nada deseo tanto como ser soldado.

—¡Allá tú! —exclamó el hombre, volviéndose hacia Miguel con un velo de tristeza en la mirada—. Me parece estar oyendo a mi hijo antes de partir hacia las Indias. Tres largos años hace que partió para allí, y ya he perdido la esperanza de volver a verle. Si la gloria es morir en tierra extraña consumido por la fiebre, triste gloria es ésa.

2

Las esperanzas de Rodrigo de Cervantes de rehacer en Sevilla su hacienda pronto se vieron truncadas.

—Regresaremos a Madrid —anunció un día a los suyos—, pues en la Corte tengo algunas amistades que no se negarán a prestarme ayuda. Son personas con cierta influencia, y tal vez encuentren para mí algún cargo o destino que se acomode a mis conocimientos y buena disposición.

—¿No fías demasiado en esos amigos, Rodrigo? —se preocupó su esposa.

—Forzoso es confiar en los demás cuando uno ya no puede confiar en sí mismo, Leonor.

—¿Qué te ocurre? Siempre fuiste muy animoso.

—Ya no soy joven.

—¿Piensas abandonar tu profesión?

—Sí, pero no por mi gusto. Mis manos ya no tienen aquella seguridad de mis años mozos para practicar sangrías y extraer muelas enfermas.

Doña Leonor tomó la mano de su marido y la besó con ternura.

—¡Soy un fracasado! —exclamó el pobre hidalgo—. Nunca me he visto libre de deudas ni de la amenaza de los ejecutores de la justicia, prestos a caer en cualquier momento sobre los menguados restos de nuestra hacienda. Ni siquiera hemos podido ofrecer a nuestros hijos los estudios y cuidados que merecen.

—Nuestro hijo Miguel ha podido estudiar humanidades en el Colegio de la Compañía de Jesús —objetó doña Leonor.

Miguel, en efecto, se dedicaba al estudio. Pero su verdadera escuela era la vida; aquella vida que en la bulliciosa y animada Sevilla le ofrecía unos conocimientos que el inquieto mozo no hubiera podido encontrar en los aburridos textos de Virgilio.

Su obra más típicamente sevillana, «Rinconete y Cortadillo», ¿no es fruto acaso de un perfecto conocimiento del ambiente en que había estado sumergido durante su estancia en la hermosa ciudad del Guadalquivir?

Miguel acogió con alegría la decisión de su padre de trasladarse a Madrid, ciudad que, por decisión de Felipe II, se había convertido, definitivamente, en la capital de España.

Felipe II, heredero de unos reinos en los que no se ponía el sol, prosiguió la lucha contra los enemigos de su augusto padre: los protestantes y los turcos.

En el año 1563 empezaron las obras del Monasterio de San Lorenzo de El Escorial, soberbio edificio que iba a erigirse para conmemorar la victoria de la batalla de San Quintín. La construcción fue iniciada por el alarife Juan Bautista de Toledo y terminada por Juan de Herrera.

Llegada la familia Cervantes a la austera Corte del rey Felipe, Miguel

LOS SUEÑOS DEL JOVEN MIGUEL SE VIERON TRUNCADOS AL POCO TIEMPO PUES SU PADRE FRACASÓ TAMBIÉN EN SEVILLA Y DECIDIÓ TRASLADARSE A LA CAPITAL, CONFIANDO EN QUE LAS AMISTADES QUE TENÍA EN LA CORTE LE PERMITIRÍAN SALIR DE APUROS.

Y MIENTRAS LA DILIGENCIA LE ALEJABA DE LA "PUERTA DE LAS INDIAS" EL JOVEN MIGUEL DE CERVANTES SEGUÍA ACARICIANDO SUEÑOS DE FUTURA GRANDEZA.

¿QUÉ PALACIO ES AQUÉL QUE SE CONSTRUYE?

ES EL MONASTERIO DE SAN LORENZO DEL ESCORIAL, UNA OBRA QUE LLENARÁ DE ORGULLO A NUESTRA GENERACIÓN.

AHÍ SE HAN CONGREGADO LOS ARTÍFICES, ARTISTAS Y ARQUITECTOS MÁS FAMOSOS DEL MUNDO, HACIENDO QUE MADRID SEA AHORA LA CAPITAL MÁS IMPORTANTE.

AL JOVEN MIGUEL LE PARECIÓ DE BUEN AUGURIO ENTRAR EN LA CORTE EN AQUELLOS MOMENTOS, PERO SUS ESPERANZAS PRONTO SE VIERON TRUNCADAS.

TENGO EL ESTÓMAGO ENCOGIDO DEL HAMBRE. ¡AY QUE LEJOS ESTÁN MIS SUEÑOS DE GLORIA!

no tardó en ver truncadas las ilusiones que se había hecho durante el viaje.

Había supuesto que en Madrid, un joven lleno de esperanzas y de imprecisos sueños de gloria, podría abrirse camino fácilmente.

—¡Ah! —se decía mientras deambulaba por las estrechas callejas—. ¡Cómo encuentro a faltar la luz y la alegría de las calles de Sevilla!

Hambriento, con el ánimo decaído y el estómago encogido, asistió a las clases de Suárez de Figueroa, ilustre maestro en Ciencias y Letras.

—¿Qué libro estás leyendo, Miguel? —le preguntó cierta mañana uno de sus compañeros, mientras esperaban en el húmedo patio del viejo caserón donde se daban las clases.

—El titulado «Amadís de Gaula» —respondió Cervantes.

—¡Oh! —exclamó su amigo—. ¿Uno de esos despreciables libros de caballería?

—En efecto —repuso Miguel—, pero no creo que tenga nada de despreciable.

—No es ésa la opinión de nuestro digno maestro. El señor Suárez de Figueroa no se cansa de repetir que esas lecturas sólo son propias de gentes desocupadas y de poco seso.

—¿Soy yo una persona de poco seso?

—No, por cierto —repuso el interlocutor de Cervantes—. Por eso es de extrañar que desdeñes los libros de filosofía para deleitarte con tales fantasías.

—No hay libro tan malo que no contenga algo bueno.

—¡Bah! Bien veo que tienes respuesta para todo.

—¡Ojalá la tuviera! Pero hay muchas preguntas, especialmente las que me formulo a mí mismo, a las que no soy capaz de responder.

3

Miguel buscaba la soledad en la orilla del Manzanares, faltando a clase las más de las veces. Se arrepentía ahora de no haberse embarcado para las Indias cuando tan a mano tuvo la ocasión para hacerlo durante su estancia en Sevilla.

«Tal vez mi fortuna estaba a bordo de una de aquellas naves —pensaba mientras contemplaba el escaso caudal del río, tan distinto al del caudaloso Guadalquivir—. ¿Por qué dudé?»

No sabía, no podía saber, que el destino le reservaba para otras grandes empresas. No encontraría la fortuna, pero sí la gloria inmarcesible del genio.

Pero ahora, a los diecinueve años, todavía estaba muy lejos de eso. Había escrito algunos versos, es cierto, pero no demasiado brillantes y siguiendo las modas literarias de su tiempo.

Primero sería soldado, otra de sus ambiciones juveniles. La gran locura de escribir, la hermosa locura, no le arrebataría hasta más tarde.

Los libros de Cervantes no son obras de juventud, sino de madurez. Tal vez lo presentía, pero todavía estaba muy lejos de escribir en uno de los capítulos del más famoso de sus libros:

«Alcanzar alguno el ser eminente en letras le cuesta tiempo, vigilias, hambre, desnudez, vaguidos de cabeza, indigestiones de estómago, y otras cosas a éstas adherentes...»

Sus fracasos como escritor de comedias habrían de entristecerle y amargarle. Donde Lope de Vega triunfó, él siempre encontraría el fracaso.

Un día, un librero había de decirle:

—«Con mucho gusto compraría las obras de vuesa merced, señor Cervantes, si otro autor de gran fama y renombre no me hubiera indicado que de vuestra prosa se podía esperar mucho, pero de vuestros versos nada.

No era ésa la opinión de Cervantes quien, honradamente, creía en la bondad de sus versos. Estimándose postergado sin razón, habrá de comentar más tarde, con amarga y sutil ironía, en su libro «Viaje al Parnaso»:

> *Yo siempre me ufano y me desvelo*
> *por parecer que tengo de poeta*
> *la gracia que no quiso darme el cielo.*

Las lecciones machaconas y pedantes de su maestro Suárez de Figueroa no resultaban demasiado atractivas para el inquieto joven. Ciertamente, no las escuchaba con excesiva atención.

Una mañana lluviosa, que sin duda había asistido a clase para librarse de la inclemencia del tiempo, el ilustre profesor, observando la actitud distraída y ausente de Miguel, le preguntó:

—¿En qué estáis pensando, señor Cervantes?

—Pues...

—¡Oh! —exclamó el maestro, acercándose a su díscolo discípulo con el puntero en la mano—. Ya veo que otra vez tenéis la imaginación ocupada con los descabellados lances en los que se afanan y luchan los absur-

20

dos personajes de esos libros de caballería que devoráis con tanto afán. ¿Estoy equivocado?

—Sin duda, señor —repuso Miguel, bastante confuso, pero intentando salvar la situación—. No pensaba en tales libros de caballería, sino en la erudita disertación que acabáis de pronunciar.

—¿De veras? —ironizó el profesor—. A fe que me place.

—Habéis sido muy elocuente, señor.

—¡Hum!

—Nadie hubiera sido capaz de glosar con tal maestría y profundidad esos textos de Virgilio.

—¿Virgilio? —se enojó el ilustre maestro—. ¡Me estuve refiriendo a Santo Tomás y su filosofía!

—Por supuesto, por supuesto —tartamudeó Miguel, entre las risas de sus condiscípulos—. Santo Tomás...

—Proseguid, os lo ruego. ¿Qué sabéis de Santo Tomás?

—¡Ejem! Es notorio que Santo Tomás... —vaciló Miguel.

—¡Basta! —vociferó el muy ilustre señor Suárez de Figueroa, descargando un fuerte palmetazo sobre el pupitre.

—Yo...

—¡Callad! —gritó de nuevo el profesor—. Ya veo que, como siempre, no habéis prestado la menor atención a mis palabras. ¿Es así como espera vuesa merced alcanzar esos sueños de grandeza que le bullen en la cabeza?

Miguel, recobrándose de su aturdimiento y arrepentido de haber tenido que recurrir a la mentira para excusarse, repuso con nobleza:

—No puse atención a vuestras explicaciones, es cierto. Pero no estaba pensando en esos libros de caballería que tanto despreciáis, sino en una obra de Santa Teresa.

—¡Oh! —se burló el profesor—. ¿La habéis leído acaso?

—Ciertamente, señor.

—¡Magnífico! ¿Y qué fruto ha sacado vuesa merced de su lectura, señor Cervantes?

—He comprendido que el tener grandes anhelos es fruto de grandes provechos, aun en el caso de que aquéllos no puedan realizarse.

—¡Hermoso pensamiento! Pero dudo mucho de que vos sepáis aplicarlo debidamente. Los conocimientos adquiridos sin orden ni disciplina de nada sirven, pues presto se olvidan. Cada cosa debe hacerse a su tiempo, recordadlo.

—No lo olvidaré, os lo prometo.

—Tended vuestra mano —solicitó el insigne profesor, levantando el puntero con severidad.

21

—¿Vais a castigarme, señor? —preguntó innecesariamente Miguel, pues la actitud del señor Suárez de Figueroa no dejaba lugar a dudas.

—¿Acaso no lo merece vuesa merced?

Miguel tendió la mano derecha y el palmetazo resonó en toda la clase.

Años después, en Lepanto, el destino descargaría sobre su otra mano un golpe más doloroso. Pero la herida, aunque dejaría en él una huella más profunda, no sería humillante como la de ahora, sino gloriosa.

4

Esta vez, la estancia de Miguel de Cervantes en Madrid se prolongó por espacio de dos años. Durante ellos, como ya hemos visto, asistió, aunque no con excesiva regularidad, a las clases de formación humanística del señor Suárez de Figueroa.

Por fin, la situación de su familia había mejorado sensiblemente. En la casa donde habitaban, un caserón de grandes proporciones, habían aceptado algunos huéspedes a pensión. Eso duplicaba el trabajo de las mujeres, pero, como contrapartida, permitía acrecentar los menguados ingresos que don Rodrigo percibía por sus servicios.

—Ahora que nuestra vida transcurre sin tantos agobios —dijo un día doña Leonor a su esposo—, podríamos procurar otro profesor a nuestro hijo Miguel.

—¿Qué estás diciendo, mujer? —se extrañó el jefe de la familia—. ¿Tiene algo de malo el señor Suárez de Figueroa?

—No lo sé —respondió la mujer—. Pero veo que nuestro hijo no va demasiado contento a sus clases.

—¡Bah! Cuando yo era niño, también la escuela me parecía un lugar abominable.

—Miguel ya no es un niño, esposo mío.

—Tampoco es un hombre —dijo don Rodrigo—. Para eso, según mi parecer, tiene demasiados pájaros en la cabeza.

—Ambiciona labrarse un porvenir —aseguró doña Leonor—. ¿Hay algo de malo en eso?

—Yo no he dicho tal cosa.

—Entonces —determinó la excelente señora—, nada se opone a que busquemos para él un profesor más conveniente.

—¿No lo es el señor Suárez de Figueroa?
—Ya hemos acordado que no, ¿no lo recuerdas?
—Sí, sí...
—¡Hay que buscar otro!
—Si tú lo dices...
—Lo digo —le interrumpió ella con voz sosegada y un brillo de malicia en los ojos—, porque estoy cierta de que ésa es también tu opinión, Rodrigo.
—Pues...
—¿Me equivoco?
—¡Cómo imaginarlo siquiera!
—Entonces...
—Estás en lo cierto, mujer. ¿Cómo voy a oponerme a que mi hijo adquiera los conocimientos que le son necesarios para convertirse en un hombre de provecho? ¿Acaso mi padre, honrado hombre de leyes, si bien un poco adusto y largo de mano, se negó a que yo siguiera la inclinación que me inducía a convertirme en un honrado cirujano?
—Tu padre era un hombre razonable.
—Quien dijera lo contrario mentiría. Pero volviendo a nuestro hijo...
—Tampoco habrá de encontrar en ti barreras ni impedimentos, ¿verdad?
—No, no —se apresuró a manifestar don Rodrigo—. Pero el caso es distinto.
—¿Distinto? —se extrañó su esposa—. ¿Qué quieres decir?
—Que yo, aunque escogí un oficio que no permite atesorar rentas ni caudales, sé manejar la lanceta con soltura, administrar purgas y sedantes y aplicar con tino el recetario. Pero Miguel...
El pobre hombre, viendo que su esposa no le interrumpía, continuó:
—¿Qué vocación es la suya?
—No lo sé —hubo de confesar la buena mujer.
—¡Hum! Puedes apostar cualquier cosa que tampoco él lo sabe. Por la mañana se levanta diciendo que quiere ser soldado, y se acuesta por las noches asegurando que, sin duda alguna, su única ambición está en las Letras.

Doña Leonor se encogió de hombros. Tampoco ella lograba comprender del todo las extrañas quimeras que danzaban en la cabeza de su hijo; pero como todas las madres en su caso, estaba segura de su triunfo.

Miguel, como es de suponer tuvo un nuevo maestro. Se trataba de don Juan López Hoyos, sacerdote y gran latinista, que impartía sus clases en los Estudios de la Villa.

López de Hoyos había sido párroco de San Andrés, y unía a su amabilidad y buen corazón unas excelentes dotes para la enseñanza.

Este digno varón, además de perfeccionar el latín del joven Cervantes, le proporcionó la oportunidad de que su nombre empezara a ser conocido en las tertulias literarias y mentideros de la ciudad.

Al morir el príncipe don Carlos, López de Hoyos recibió el encargo de componer la «Relación de la muerte y honras fúnebres del serenísimo príncipe don Carlos».

—Es mi deseo que todas vuesas mercedes colaboren conmigo en este trabajo —anunció el erudito profesor a sus discípulos, reunidos en el aula—. De este modo, el esfuerzo común redundará en la mayor honra de este Colegio.

Miguel, formando parte de aquel grupo de alumnos escogidos, se dedicó con tanto amor y afición a su trabajo, que su ilustre maestro se vio obligado a felicitarle.

—Vuestras elegías y sonetos son los mejores —le dijo.

Miguel de Cervantes no tardó en tener otra oportunidad para que su nombre corriera otra vez de boca en boca.

En octubre de 1568 murió la reina Isabel de Valois, muy querida por su esposo Felipe II y estimada por todos los españoles. Isabel, hija de Enrique II y Catalina de Médicis, había sido como una dulce prenda de paz entre Francia y España.

El cardenal Espinosa, que atendió a la joven reina en sus últimos momentos, fue quien animó al padre López de Hoyos para que en los Estudios de la Villa convocara un certamen para enaltecer la memoria de la desdichada esposa del rey Felipe.

—Sé que entre vuestros discípulos hay muy buenos poetas, padre Hoyos —le dijo.

—Así es, Eminencia —admitió el sacerdote—. Y estoy por decir que el joven Miguel de Cervantes es el mejor de todos.

—En tal caso, padre —ordenó el cardenal—, confiadle a él el trabajo.

—Así se hará, Eminencia.

Ni qué decir tiene que el joven poeta cumplió con la mejor de las disposiciones el encargo de su profesor. El poema, tal vez algo ingenuo, mereció los plácemes de todo aquel que tuvo ocasión de leerlo.

El cardenal Espinosa, enterado de las inquietudes y anhelos de Miguel, decidió recomendarlo a otro prelado que acababa de llegar de Roma con una misión especial del Papa. La misión, oficialmente no era otra que la de dar el pésame al rey Felipe por la muerte de su hijo.

El citado prelado era el cardenal Acquaviva, quien, al producirse de

DESDE SU LLEGADA A LA CORTE LA SITUACIÓN DE LA FAMILIA MEJORÓ UN POCO, YA QUE EN SU CASA ADMITIERON ALGUNOS HUÉSPEDES A PENSIÓN, LO QUE FACILITÓ EL QUE MIGUEL FUESE A OTRO COLEGIO DONDE TUVO POR MAESTRO AL ILUSTRE LÓPEZ DE HOYOS, EL CUAL UN DÍA...

—HE RECIBIDO EL ENCARGO DE COMPONER Y REDACTAR LA "RELACIÓN DE LA MUERTE Y HONRAS FÚNEBRES A NUESTRO PRÍNCIPE DON CARLOS" QUIERO QUE TODOS COLABOREN CONMIGO PARA MAYOR HONRA DEL COLEGIO.

Y CUANDO EL MAESTRO EXAMINÓ LOS TRABAJOS DE SUS ALUMNOS...

—OS FELICITO, SEÑOR CERVANTES. VUESTRO POEMA ES EL MEJOR DE TODOS.

—MUCHAS GRACIAS POR VUESTRO ELOGIO.

MESES MÁS TARDE, AL FALLECER LA REINA ISABEL DE VALOIS...

—EL CARDENAL DON DIEGO DE ESPINOSA HA TENIDO A BIEN ENCOMENDAROS QUE HAGÁIS UN POEMA EN HONOR DE SU DIFUNTA MAJESTAD.

—PROCURARÉ HACERME MERECEDOR DE LA CONFIANZA DE SU ILUSTRÍSIMA.

MIGUEL DE CERVANTES TRABAJÓ CON ENTUSIASMO PARA COMPONER AQUELLOS VERSOS...

—REINA Y SEÑORA, A QUIEN EL REY POR SIEMPRE ADORA... ¡BAH! ESTA RIMA ES DEMASIADO FORZADA...

25

AL FIN TERMINÓ AQUEL POEMA, QUE MERECIÓ GRANDES FELICITACIONES Y QUE LLEGÓ A MANOS DEL CARDENAL ACQUAVIVA, ENVIADO DEL PAPA A LA CORTE DE MADRID.
EL CARDENAL ESPINOSA ME HABLÓ MUY BIEN DE TI, JOVENCITO. Y TAMBIÉN LEÍ TUS VERSOS...
VUESTRAS PALABRAS ME COLMAN DE ORGULLO.
HE PENSADO QUE TAL VEZ TE AGRADASE VENIR CONMIGO A ITALIA, CON MI SÉQUITO. LA CUNA DEL ARTE SERVIRÁ PARA QUE PROGRESES. ¿ACEPTAS?
¡OH! ¡MUCHÍSIMAS GRACIAS! ¡CLARO QUE ACEPTO!
Y ASÍ FUE COMO MIGUEL DE CERVANTES MARCHÓ A ITALIA, CONVERTIDO EN PAJE DEL PODEROSO E ILUSTRE CARDENAL ACQUAVIVA.
¡QUÉ SUERTE LA MÍA! LA PLUMA EMPIEZA YA A PERMITIRME CONOCER MUNDO.
PERO LAS INTRIGAS PROPIAS DE LOS CORTESANOS REPELÍAN EL CARÁCTER ÍNTEGRO DEL JOVEN MIGUEL.
SIEMPRE MURMURANDO... ¿ES QUE NO SABEN SINO MORDER LA MANO QUE LES ECHA DE COMER?
ME PARECIÓ QUE HABLABAIS ENTRE DIENTES, SEÑOR CERVANTES ¿ACASO MOLESTAMOS A SU SEÑORÍA?
¡SÍ! ¡Y CONSIDERO IMPROPIO QUE CRITIQUÉIS AL GENEROSO CARDENAL ACQUAVIVA, A QUIEN TODOS DEBEMOS TANTO!

forma inesperada la muerte de Isabel, tuvo que quedarse en Madrid más tiempo de lo esperado.

El cardenal italiano concedió una audiencia a Miguel de Cervantes, que acudió a ella con la emoción que es de suponer ante un acontecimiento que, según presentía, iba a cambiar para siempre el curso de su existencia.

—El cardenal Espinosa me habló muy bien de ti, hijo mío.

—Tal vez porque me juzga con excesiva bondad, Eminencia.

—Eres modesto —dijo el cardenal—, y eso me agrada. Pero hay en ti cualidades que ni tú mismo podrás negar.

—Es difícil juzgarse a sí mismo, Eminencia.

—¿No te consideras un buen poeta?

—Aspiro a ello, señor cardenal. Pero es el juicio de los demás el que debe concederme tan preciado título.

—He leído tus versos, jovencito, y no me parecen malos.

—¡Oh! —se conmovió Miguel—. Vuestras palabras me llenan de orgullo.

—¿Has pensado en tu porvenir? —preguntó el cardenal.

—Muchas veces, Eminencia.

—¿Te agradaría venir conmigo a Italia, hijo mío?

—¿A Italia?

—Sí —sonrió el cardenal Acquaviva al darse cuenta de la emoción del joven—. Si lo deseas, puedes unirte a mi séquito en calidad de camarero.

—¡Acepto, Eminencia! —casi gritó el joven hidalgo, besando el anillo de su nuevo protector.

5

—El que a buen árbol se arrima, buena sombra le cobija —fue el comentario que hizo don Rodrigo de Cervantes, un poco sorprendido por la buena nueva que le trajo su hijo—. No es grano de anís alcanzar la protección de un grande de Italia.

La madre y las hermanas, como es natural, despidieron a Miguel con abundantes lágrimas y recomendaciones.

La llegada de Cervantes a Italia, formando parte del séquito del cardenal Julio Acquaviva, fue, en los primeros momentos, muy estimulante para el inquieto joven. Pero, transcurrido algún tiempo, no tardó en llegarle la decepción.

Muy pronto se sintió oprimido y apenado por el agobiante ambiente de murmuraciones y pequeñas intrigas que rodeaban la pequeña corte de familiares y servidores del poderoso personaje que le había tomado a su servicio.

Cuando esperaba encontrar el respeto y la admiración de los poetas y hombres de letras de Roma, sólo consiguió el desprecio y la envidia de los palaciegos que se movían alrededor del cardenal.

—¡Válgame Dios! —se dijo a sí mismo—. ¡Un viaje tan largo desde la lejana España para encontrarme con esto!

El viaje había sido largo, en efecto, ya que el cardenal se trasladó con su séquito de Madrid a Valencia para seguir por la costa hasta Barcelona, y desde Barcelona a Perpignan, y por el Sur de Francia hasta Milán y Roma. Un itinerario parecido al de los protagonistas de su libro «Persiles y Segismunda».

La belleza de la Ciudad Eterna impresionó en gran manera a Miguel; que esa admiración no fue una cosa pasajera lo evidencian los versos que luego había de poner en boca de uno de los peregrinos del «Persiles»:

—Oh grande, oh poderosa, oh sacrosanta
alma ciudad de Roma! A ti me inclino
devoto, humilde y nuevo peregrino,
a quien admira ver belleza tanta.

La decepción de Cervantes no fue motivada por la hermosa ciudad, que se ofrecía a él con todo su encanto y sugestión, sino, como ya hemos dicho, por las mezquinas gentes que formaban la corte del cardenal Julio Acquaviva.

La hostilidad de sus rivales era tan manifiesta, que a veces se convertía en agresiva.

Se murmuraba a sus espaldas, se le acogía con irónicas sonrisas y con frases despectivas e hirientes. En ocasiones, los comentarios ofensivos, formulados en alta voz, no dejaban de llegar a sus oídos:

—¿Quién es ese hidalguillo presuntuoso que su eminencia se ha traído de España?

—¡Un muerto de hambre!

—Un malhechor, tal vez, pues aseguran que tuvo que salir de su patria huyendo de la justicia.

—¿Cómo es posible que su eminencia le haya tomado a su servicio?

—Dicen que es poeta.

—¿Poeta? ¡Ja, ja, ja, ja! No creo que las musas se avengan a tener tratos con semejante sujeto.

Miguel, demasiado orgulloso para quejarse al cardenal por aquel desconsiderado trato, prefería no darse por enterado. Por otra parte, Julio Acquaviva, ocupado en sus muchos quehaceres, parecía haber echado en olvido a su joven protegido.

Cervantes, cuyos deberes y obligaciones en el palacio del prelado no eran demasiado agobiantes, paseaba a menudo por la orilla del Tíber. Como hiciera en Sevilla, junto al Guadalquivir, y en Madrid, junto al Manzanares, el joven parecía encontrar en las aguas, eternas viajeras hacia el mar abierto, el símbolo de sus sueños y anhelos.

La ciudad, como ya hemos dicho, le envolvía con su serena belleza. Sus ruinas le hablaban de un pasado glorioso, de una historia que estaba escrita en cada piedra, en cada losa de mármol despedazada, en cada estatua mutilada por el tiempo.

Pero al volver al palacio del cardenal, su alma se sentía otra vez oprimida por aquel ambiente de hostilidad e intriga.

A veces, cuando contemplaba desde una de las ventanas el paso de alguna formación militar, suspiraba diciendo:

—Mejor hubiera sido hacerme soldado.

Un día que expresó en voz alta estos pensamientos, un servidor del cardenal, que excepcionalmente había simpatizado con él, le preguntó:

—¿No os encontráis satisfecho de vuestro destino en la corte del señor cardenal?

—No —respondió Miguel—. Y no me tildéis de desagradecido, os lo ruego.

—¿Os agradaría más la pesada carrera de las armas?

—La preferiría a vivir en este ambiente de intriga y maledicencia.

—Convertirse en un buen cortesano requiere tiempo y paciencia; es un arte difícil.

—Para mí, yo diría que imposible.

—Sois orgulloso.

—Para un hidalgo pobre —dijo Miguel—, el orgullo no es vicio, sino escudo.

—Poco habéis de medrar con tales ideas, señor Cervantes. ¿Ignoráis que aquí sólo se recompensa a los serviles?

—Eso me parece, mi buen amigo. Pero yo no sirvo para doblar el espinazo ni para prodigar reverencias y falsas alabanzas.

—La vida del soldado también tiene sus quiebras.

—Nada importan los sinsabores y las fatigas cuando se empuña la espada al servicio de una noble causa.

Cierto día, cuando Miguel cruzaba el jardín del palacio para acudir a la llamada del cardenal, sorprendió a un grupo de cortesanos que estaban murmurando.

No hablaban esta vez de él, sino que dirigían sus despectivos comentarios contra el propio cardenal.

—Le servimos fielmente —dijo uno—, y nos tiene olvidados.

—Ése es un defecto de todos los poderosos —comentó otro—. ¿Por qué su eminencia el cardenal Acquaviva habría de ser distinto?

Miguel, al pasar junto a ellos, murmuró:

—¡Siempre igual! Se inclinan ante su señor cuando están en su presencia y; a sus espaldas, reniegan de la mano que les da de comer.

El comentario no pasó inadvertido.

—¡Aguardad, señor Cervantes! —le detuvo uno de los palaciegos—. ¿Tendríais inconveniente en repetir en voz alta lo que acabáis de murmurar entre dientes?

Miguel se detuvo y miró a su interlocutor de hito a hito. Apartó con suavidad la mano que le cerraba el paso y respondió con voz tranquila:

—No lo creo necesario.

—Y yo digo que sí lo es, señor hidalgo.

—¿En que hemos podido molestar a su señoría? —se burló otro.

—¡Buena pregunta! —intervino el que primero había pedido explicaciones a Miguel. Y dirigiéndose al joven, añadió—: ¿Os hemos molestado, señor Cervantes?

—¡Sí!

—¿En qué fundáis vuestros reproches?

—En que no es de nobles caballeros el murmurar de nuestro generoso señor, el cardenal, a quien todos debemos tanto.

—¡Bah! —se encogió de hombros el palaciego—. Si os place, discutiremos eso en otra ocasión. Ahora, puesto que el cardenal os aguarda, id a doblar la espalda ante él, según tenéis por costumbre.

—No ha de ser así —repuso Cervantes—, que su eminencia puede esperar hasta que solventemos los dos este asunto.

—¿Con la espada queréis decir, señor Cervantes?

—¡Con la espada!

—¡Sea! —gritó el agresivo palaciego, echando mano a su arma.

Chocaron con furia los aceros, no tardando la maestría del joven Cervantes en acorralar a su enemigo, haciéndole retroceder ante el brío de su espada.

—¿Qué os ocurre? —preguntó Miguel—. ¿Acaso manejáis vuestra tizona con menos soltura que la lengua?

—¡Vos sois el deslenguado, señor Cervantes! —gritó el palaciego, recuperando la iniciativa.

SOIS MUY RÁPIDO CON LAS PALABRAS, PERO NO SÉ SI LO SERÉIS TAMBIÉN CON VUESTRA ESPADA.
PUEDO DEMOSTRÁROSLO AHORA MISMO... O MÁS TARDE EN EL JARDÍN. ¡COMO MEJOR OS ACOMODE!
POCO DESPUÉS, EN LA PENUMBRA DEL JARDÍN...
VOY A ENSEÑAROS A SER MENOS DESLENGUADO.
PREGONÁIS DEMASIADO LO QUE PENSÁIS HACER.
VEAMOS SI ES TAN FÁCIL MATAR AL PAVO CUANDO ÉSTE TIENE EL TRINCHANTE EN LA MANO.
¡AY!... ¡DIOS MÍO!

Pero su reacción, producto del enojo y de la furia, no pudo mantenerse por mucho tiempo. Miguel acabó por burlar su guardia y rasgó con la punta de su acero el jubón de su enemigo.

—¡Dios mío! —exclamó éste al notar en sus carnes el ardiente pinchazo—. ¡Muerto soy!

—Sosegaos —le recomendó Miguel, enfundando con calma su espada—. Sólo es un rasguño.

—¡Pero, esta sangre...!

—No temáis: como suele decirse, no habrá de llegar al río.

Acudieron los compañeros del herido a socorrerle y Cervantes les dijo:

—Herido está solamente, y no de gravedad. Llamad a un médico, si es necesario, y recomendadle a vuestro amigo que, en otra ocasión, se muestre más comedido.

El cardenal Acquaviva, que había presenciado el lance desde una de las ventanas del edificio, recibió a nuestro héroe con evidente hostilidad.

—Mucho me habéis hecho aguardar, señor Cervantes.

—Disculpadme, eminencia —se excusó el joven—, pero me entretuvo cierto parlanchín impertinente y mal intencionado, a quien tuve que dar una lección bien merecida.

—¿Cómo es eso? ¿Acaso mi palacio es una taberna?

—No fue una riña de taberna, Eminencia.

—¡Dios Misericordioso! ¡Un duelo en mi propio palacio!

—No fue un duelo, señor.

El prelado italiano no pudo contener su enojo.

—¿Era más importante dirimir esa cuestión que acudir a mi llamada?

—Sólo me he retrasado unos minutos, Eminencia.

—Os estáis comportando de un modo indigno, Miguel, lo que es impropio de un poeta.

—Hice uso de la espada por unas razones que se me antojaron lícitas, señor. Pero como veo que no os molestáis en averiguar la causa de mi pelea, os pido licencia para dejar vuestro servicio.

—¿Así demostráis vuestro agradecimiento, señor Cervantes?

—No me tengo por desagradecido, señor —repuso Miguel—. Pero no quiero seguir provocando vuestro enojo.

—Os llamé para encargaros un poema, hijo mío —dijo el cardenal Acquaviva suavizando su actitud—, y vos me decís que estáis dispuesto a dejar mi servicio. ¿Para qué queréis la licencia?

—Para sentar plaza de soldado en los Tercios españoles —repuso Miguel.

Confío en que esta herida os sirva de lección para que en adelante tengáis más cuidado con lo que decís y a quién ofendéis.
Más tarde, cuando Cervantes fue llamado a presencia del cardenal Acquaviva...
Os estáis comportando de un modo muy desagradable, indigno de un poeta.
¡Pero propio de un hidalgo castellano!
Y como veo que desaprobáis mi conducta, sin molestaros en averiguar las razones que tuve para hacer uso de mi espada, os pido licencia para dejar vuestro servicio y sentar plaza en el tercio que mañana sale para Flandes.
Conseguido el permiso del cardenal Acquaviva, Miguel de Cervantes se alistó en los tercios castellanos, pero la orden de marcha fue cancelada y...
Caballeros, aprovechemos este inesperado regalo de retrasar nuestra partida, para brindar por el nuevo soldado.
¡Brindo por Miguel de Cervantes, soldado de España!
¡Y yo por el tercio del capitán don Diego de Urbina!

—¿Nada puede haceros variar de opinión?
—Me temo que no, Eminencia. Pero no quiero despedirme sin antes daros las gracias por...
—Podéis ahorraros esa molestia, señor Cervantes —le interrumpió el cardenal, volviendo a su anterior enojo—. Os deseo mucha suerte.

6

Miguel de Cervantes inició su carrera militar en la compañía del capitán don Diego de Urbina, perteneciente al tercio de Moncada. El joven hidalgo lucía el uniforme multicolor que dieron a los soldados de infantería españoles el nombre de «papagayo».

Podemos suponer, casi sin temor a equivocarnos, que no acudió a sus labios la copla que, años después, haría cantar al mancebo que se cruzó con Don Quijote al final de la aventura de la cueva de Montesinos:

A la guerra me lleva mi necesidad;
si tuviera dineros, no fuera, en verdad.

Los motivos de Miguel de Cervantes eran otros; tal vez los mismos que el mismo mancebo expresó más tarde en el jugoso diálogo que mantuvo con el buen caballero:

—«... y más quiero tener por amo y por señor al rey, y servirle en la guerra, que no a un pelón de la Corte.»

Ya era soldado, como muchas veces había deseado. No lo había escrito todavía, pero tal vez ya bullían en su mente las palabras que el escritor maduro haría pronunciar a Don Quijote:

—«... y según Terencio, más bien parece el soldado muerto en la batalla que vivo y salvo en la huída; y tanto alcanza de fama el buen soldado cuanto tiene de obediencia a sus capitanes y a los que mandar pueden. Y advertid, hijo, que al soldado mejor le está oler a pólvora que a ámbar, y que si la vejez os coge en este honroso ejercicio, aunque sea lleno de heridas y estropeado o cojo, a lo menos, no os podrá coger sin honra...»

Italia dejó en Cervantes su huella luminosa y un rastro latente en su corazón y en su literatura. No aprendió en los libros, sino en sus hombres y en sus paisajes. Lo que equivale a decir que aprendió de la vida misma.

Las costas italianas, lo mismo que las de España, estaban amenazadas por el mismo enemigo: el turco.

Habiendo atacado Malta, poniéndole cerco con treinta galeras y otras doscientas cuarenta embarcaciones, la intervención de España obligó a las huestes de Solimán a levantar el asedio.

—Pero no cabe duda —había dicho el papa Pío V, con gran visión del futuro—, que Solimán, sin aceptar la derrota, buscará un feroz desquite.

Los propósitos del Santo Padre eran los de suscitar una alianza con España y la república de Venecia y formar una Liga Santa para combatir al enemigo común.

Felipe II acabó por aceptar y, aunque un poco remisa, también aceptó Venecia.

Entre las fuerzas que habían de embarcar en las naves que se disponían a dar la batalla decisiva al Turco figuraban los tercios de don Lope de Figueroa, don Pedro de Padilla, don Diego Enríquez y don Miguel de Moncada. Perteneciendo a este último la compañía del capitán Diego de Urbina, en la que, como ya sabemos, estaba Miguel de Cervantes.

Ya no se trataba de esperar el golpe del enemigo, sino de salir a su encuentro.

¿SE SABE CUÁL ES EL MOTIVO DE QUE NOS RETENGAN AQUÍ?
ALGUNOS RUMORES HE OIDO. SE DICE QUE DON JUAN DE AUSTRIA INTENTA OBLIGAR A LOS TURCOS A ENFRENTARSE CON ÉL EN UN COMBATE QUE SEA DEFINITIVO.
¡YA ERA HORA DE QUE ASÍ FUESE!
EN EFECTO, QUE LOS TURCOS SE HAN IDO ENVALENTONANDO Y HOY SON UN PELIGRO PARA TODOS LOS PUEBLOS CRISTIANOS.
AQUELLA ERA LA IMPRESIÓN GENERAL DE LOS PUEBLOS COSTEROS DEL MEDITERRÁNEO, POR LO QUE, PARA PONER FIN A LOS DESMANES DEL TURCO, EL PAPA HABÍA CONVOCADO UNA LIGA DE ESTADOS CRISTIANOS PARA ENFRENTARSE A LOS TURCOS. LAS TROPAS ASÍ REUNIDAS SE PUSIERON BAJO LAS ÓRDENES DEL JOVEN, PERO YA CÉLEBRE POR SU VALOR, DON JUAN DE AUSTRIA.
LA FLOTA DE LA LIGA SE HIZO A LA MAR EN CUANTO SE TUVO AVISO DE QUE SE ACERCABA AL GOLFO DE LEPANTO LA ARMADA TURCA.
Y CUANDO DESPUNTÓ EL ALBA DEL 7 DE OCTUBRE DE 1571...
¡ALERTA! ¡GALERAS TURCAS A LA VISTA!

¡TODOS A CUBIERTA! ¡ZAFARRANCHO DE COMBATE!

QUÉDATE, MIGUEL. TIENES DEMASIADA FIEBRE PARA PELEAR.

¿QUÉ HACÉIS AQUÍ, CERVANTES? ¡VOLVED ABAJO! ¡ESTÁIS ENFERMO!

NO, MI ALFÉREZ. ME ALISTÉ PARA LUCHAR Y NO PARA QUEDARME ACOSTADO MIENTRAS OTROS DEFIENDEN EL HONOR DE ESPAÑA.

¡NO SERÁ UNA CALENTURA LA QUE ME IMPIDA EMPUÑAR LA ESPADA!

CONFIADLE EL PUESTO DEL ESQUIFE. QUE ÉL Y DIEZ VALIENTES MÁS SE ENCARGUEN DE EVITAR QUE LOS TURCOS PUEDAN LLEGAR A NUESTRA NAVE.

SI NO ESTOY EN CONDICIONES DE SALTAR AL ABORDAJE COMO LOS DEMÁS, CONFIADME UN PUESTO EN NUESTRA NAVE, EL DE MAYOR PELIGRO, Y OS JURO DEFENDERLO CON UÑAS Y DIENTES.

ESTÁ BIEN.

¡ASÍ LO HAREMOS, MI CAPITÁN. ¡Y GRACIAS POR HONRARME CON VUESTRA CONFIANZA!

POCO DESPUÉS SE INICIABA AQUELLA BATALLA QUE HABÍA DE TENER TANTA IMPORTANCIA EN EL FUTURO DESARROLLO DE LA HISTORIA.

EL MANCO DE LEPANTO

1

—¡Abajo! —gritó el capitán Diego de Urbina—. No quiero enfermos en cubierta a la hora del combate.

Con los doloridos miembros sacudidos por los escalofríos de la fiebre, con el rostro pálido y la mirada turbia, el hombre, que apenas podía sostenerse en pie, era verdaderamente un enfermo.

La escena tenía lugar a bordo de la «Marquesa», una de las naves que pertenecía al grupo del genovés Andrea Doria.

—¡Abajo! —volvió a ordenar el capitán.

—Soy un soldado —manifestó el joven arcabucero.

—¡Un estorbo! —le espetó Don Diego de Urbina con rudeza. Y añadió, como arrepentido, suavizando el tono—: No estáis en situación de combatir, comprendedlo.

El soldado enfermo apretó los puños, diciendo:

—Prefiero morir luchando que sanar sin combatir.

Había tal energía en la mirada del joven, tal nobleza y determinación en su porte, que Diego de Urbina se vio obligado a ceder.

—¡Sea! —dijo.

—Gracias, capitán —murmuró el arcabucero, disponiéndose a ocupar su puesto.

—¡Esperad! —le detuvo Urbina, sin disimular ahora la satisfacción que le producía el que tan valiente soldado combatiera bajo sus órdenes—. ¿Cómo os llamáis?

—Miguel de Cervantes, señor.

—¡Oh! —exclamó el capitán—. Ahora recuerdo. Vuestro pálido semblante y esa barba crecida me habían impedido reconoceros, señor Cervantes. ¿Insistís en tener un puesto en el combate?

—Sí, mi señor capitán.

—Bien, muchacho: era mi deber advertiros y por eso os aconsejé que permanecierais bajo cubierta. A fe, señor Cervantes, que nadie os lo hubiera reprochado.

—No me alisté para permanecer en la cámara como una dama timorata y asustada —repuso Miguel—, sino para combatir al turco, al servicio de Dios y de mi rey.

—Os comprendo, Miguel —aprobó el capitán Urbina—. En iguales circunstancias, yo hubiera hecho lo mismo.

Sobre las azules aguas del golfo de Lepanto, las trescientas naves de la flota que mandaba el almirante don Juan de Austria empezaron a tomar posiciones.

Los «hombres de hacha» y los «hombres de arcabuz» ocupaban ya sus puestos; también los artilleros, detrás de sus bombardas, tenían las mechas encendidas.

Don Juan de Austria, hermanastro del rey Felipe II, era el generalísimo de las escuadras combinadas de la Liga. Había salido de Barcelona con cuarenta y siete galeras para dirigirse a Génova y más tarde a Nápoles. En esa ciudad, engalanada para recibirle, el legado pontificio, el cardenal Granvela, le hizo entrega del estandarte de la Liga, en el que figuraba un crucifijo bordado en damasco azul, bajo el que se veían las armas del rey de España, del Pontífice, de Venecia, y también las del propio don Juan de Austria.

En el muelle, entre otras, estaba la nave «Marquesa», en la que Miguel de Cervantes había de embarcar.

Ante la noticia de que la escuadra turca había sido avistada en aguas del golfo de Lepanto, don Juan de Austria, el joven almirante español de veinticuatro años, convocó consejo de capitanes.

—¿Cuál es vuestro parecer, señores?

—Los turcos disponen de una poderosa escuadra —manifestó uno de los convocados, haciéndose portavoz del parecer de los más.

Don Juan de Austria, viendo que el capitán vacilaba en completar su pensamiento, le animó a proseguir.

—Exponer todas nuestras fuerzas en un solo combate podría resultar muy peligroso —continuó el capitán.

—¡Y temerario! —subrayó otro de los reunidos.

—¿Eso opináis? —dijo el de Austria frunciendo el ceño y adelantando el labio inferior con un gesto de desdén—. ¿Ese es vuestro pensamiento, señores?

—En conciencia, sí, señor Almirante General —repuso el que se había erigido el heraldo de los demás—. Y prevengo a Vuestra Alteza que mi opinión es compartida por muchos.

En efecto, viendo que don Juan de Austria callaba, algunos apoyaron las palabras de su compañero, aconsejando acciones secundarias con objeto de debilitar, mediante ataques parciales, la potencia de la flota otomana.

Sin embargo, el barcelonés Luis de Recasens, lugarteniente del mar del almirante, expuso su parecer en contra.

Luis de Recasens, que no sin razón merecía la mayor confianza del rey Felipe, gritó con vehemencia:

—¡Ahora o nunca! ¿Por qué esperar? ¡Dios está con nosotros!

En los oídos de don Juan de Austria resonaban todavía las palabras que había pronunciado el cardenal Granvela al entregarle el estandarte de la Liga:

«—Toma, dichoso Príncipe, la insignia del verdadero Verbo humanado; toma el victorioso signo de la Santa Fe, cuyo defensor eres en esta empresa. Él te dará una victoria gloriosa sobre el enemigo impío, y por tu mano será abatida su soberbia. Amén.»

Por eso, con voz que no admitía réplica, dijo:

—Ya no es hora de aconsejar, señores, sino de disponerse para el combate.

2

En la flota, junto a los grandes almirantes como Andrea Doria, Agustín Barbarigo, Sebastián Vaniero, Próspero Colonna, Álvaro de Bazán y otros grandes capitanes de la Cristiandad, había embarcado un hombre desconocido y oscuro, un humilde soldado llamado Miguel de Cervantes. El mismo que ahora, en los preliminares del combate, «la más alta ocasión que vieron los siglos», se aprestaba a cumplir con su deber.

Diego de Urbina había señalado a Cervantes un puesto en el esquife. Allí, en unión de doce hombres más, esperó nuestro héroe la hora decisiva de derramar su sangre por la patria.

Uno de sus compañeros, exteriorizando un pensamiento que tal vez le atormentaba, dijo a Cervantes:

—¿Sabes nadar?

—Aprendí a nadar en el Henares, en las tardes de estío, cuando las riberas llenas de olmos del río de mi ciudad natal, Alcalá de Henares, eran más frescas y acogedoras que las aulas de mi escuela.

—Yo, por el contrario —suspiró el otro—, prefería adiestrarme en los secretos de la retórica y la poesía. Aprendí a componer donosos sonetos y enternecedoras odas, pero descuidé practicar la habilidad que ahora, a no dudarlo, me sería más conveniente.

—¿Temes acaso que el turco hunda nuestra nave, amigo?

—¡Dios y su Santísima Madre, la Virgen que está en los Cielos, nos libren de tal desgracia! Pero siempre es incierto el resultado de una batalla y...

—¿Tienes miedo? —preguntó Miguel.

—¿Acaso tú no lo tienes, Cervantes? —casi se burló su camarada, observando los estremecimientos que la fiebre producía en el joven, tomándolos, equivocadamente, por signos de temor.

La voz de Miguel sonó con firmeza:

—Soy un soldado: nací para soldado.

—Yo —suspiró el otro—, sólo soy un poeta.

—Un soldado puede ser poeta —observó Cervantes— y un poeta soldado: una cosa no estorba la otra. Yo también he compuesto versos.

—¿Tú?

—¿Por qué no?

Miguel, tal vez con el caritativo propósito de distraer al arcabucero de sus preocupaciones, sacó un papel de su jubón y le dijo:

—Esto te demostrará mi aserto, amigo mío. Las armas y las letras son hermanas. También un soldado, sin menoscabo de la espada, puede ser diestro en la pluma. He aquí mis versos.

—Unos versos malos —determinó su compañero, después de echarles una ojeada—, cojos y desabridos, que más parecen inspirados por una deidad desdentada y torpe que por la hermosa y divina Calíope.

—¿Tan escasos son sus méritos, compañero?

—¿Cómo? —repuso su interlocutor, contestando a la pregunta con otra pregunta, ansioso, al parecer, de demostrar su ingenio—. ¿Tan mal juez eres de ti mismo?

»Miguel de Cervantes, caro compartidor de mis fatigas, tal vez un dia, quiéralo el Cielo, llegues a ser un famoso almirante como su Alteza el príncipe don Juan de Austria; tal vez tu nombre pase a la Historia como el de un gran general, héroe de cien batallas. Pero de algo estoy seguro, Miguel: ¡nadie te recordará jamás como un genio de las Letras!

Y añadió, con socarrona sonrisa, como recreándose en su propia burla:

—A nadie, a no ser a un loco o a un necio, se le ocurrirá llamarte algún día «Príncipe de los Ingenios».

—Maese Rodrigo, mi buen padre, solía decirme lo mismo, aunque empleando otras palabras, ya que él no es un poeta como tú, sino un humilde cirujano, ducho en practicar sangrías y en administrar purgas, pero incapaz de enhebrar tales florituras de lenguaje.

—Un hombre pobre.

—Sí, pero honrado; con sangre limpia de cristiano viejo, sin cruces de gentes con sambenitos o venia de moros.

—Los padres pobres, poca hacienda dejan a sus hijos.

—Cierto es que no recibí de él caudal alguno, pero sí un nombre sin mancha y el testimonio de un limpio linaje, según testificó el señor Licenciado Duarte de Acuña, cuando me alisté como soldado.

Las naves aliadas, hasta entonces ocultas en parte por las islas Curzolaris, avanzaron hacia el interior del golfo en formación de combate.

Las fuerzas turcas estaban divididas en tres cuerpos bajo el mando, respectivamente, de Mehemed Siriko, Uluch Alí y Alí Pachá, y se vieron sorprendidas por la maniobra de las galeras cristianas.

Ambas flotas estaban frente a frente y era imposible retroceder.

Por orden expresa del almirante general, los galeotes cristianos, reos de delitos comunes, que remaban en las oscuras profundidades de las naves fueron liberados de sus cadenas.

—También ellos tienen derecho a combatir por la Cruz —dijo don Juan de Austria—, ya que han sido bautizados en la fe de Cristo.

El viento, que había agitado el mar al amanecer, estaba en calma. Brillaba el sol en un cielo sin nubes, lo que se tuvo por un feliz augurio.

Era el día 7 de octubre de 1571.

Un cañonazo disparado por la galera de Alí Pachá rompió bruscamente la tensa calma.

Casi al instante, otro cañonazo partió de la nave de don Juan de Austria.

Los gritos, los alaridos, las órdenes de mando y las fervorosas oraciones, musitadas a toda prisa, eran la señal inequívoca de que la gran batalla iba a empezar.

Cervantes, con sus compañeros, agarró la espada con mano firme y rezó también una oración.

—¡Buena suerte, amigo! —le deseó su camarada, el que poco antes intentaba zaherirle con sus bromas.

—¡Qué Dios nos la depare buena! —exclamó Miguel de Cervantes, con un brillo de determinación en los ojos.

Allí, en la nave «Marquesa», una más entre las trescientas galeras de la Santa Liga, el hombre que había de asombrar al mundo con su genio literario se disponía a combatir como un oscuro «hombre de arcabuz».

El más grande escritor de todos los tiempos era ahora, todavía, un humilde soldado.

3

Las trompas y atabales, de forma perentoria, habían llamado a los combatientes a cubierta.

Don Juan de Austria, bien aconsejado por algunos de sus capitanes, había hecho quitar los espolones a todas las naves.

—Eso permitirá que nuestras galeras puedan lanzarse con más facilidad al abordaje —había dicho Andrea Doria.

Luis de Recasens, el lugarteniente del mar del almirante general, se acercó a don Juan de Austria.

—Se va a pelear con ganas —dijo—. Dentro de poco, cualquiera de los que aquí estamos puede ser enviado al otro mundo.

—¿Quisierais estar tal vez en otro lugar? —preguntó don Juan.

—¡No! —exclamó don Luis de Recasens.

Y añadió con firme convencimiento:

—Aunque me cubrieran de oro, no quisiera estar en otra parte que a bordo de esta galera.

El mismo espíritu animaba también al resto de los combatientes, desde los almirantes y generales al último grumete.

En el esquife, o bote de desembarco, que la «Marquesa» llevaba a su lado, Miguel de Cervantes, tiritando de fiebre, pero sostenido por su tesón indomable, gritaba a sus compañeros:

—¡Animo, amigos!

—¡Lo tenemos! —afirmaron éstos a coro.

—¡Que vuestro brazo no decaiga ni se altere vuestro ánimo —prosiguió Cervantes—. ¡La victoria es nuestra!

—Pondremos todo nuestro empeño en conseguirla, Miguel —le aseguró el arcabucero que tenía al lado, el compositor de sonetos—. Sin embargo, tú estarías mejor en la nave, bajo cubierta, tendido en la litera.

—¡No se hable de eso, amigo!

—¡Estás enfermo! —dijo el aprendiz de poeta—. No es posible que el arcabuz o la espada se sostengan en tus manos.

—Pronto te demostraré que puedo combatir como el mejor. No hay razón para dudarlo.

Las aguas del golfo de Lepanto, las azules aguas que más tarde se teñirían de rojo, aparecían cubiertas por centenares de naves.

De pronto, entre el estruendo de los cañones y los gritos de dolor de los heridos, se produjo el primer encuentro entre las naves de uno y otro bando.

Las galeras de Mehemed Siroko y del almirante veneciano Barbarigo habían entrado en contacto.

—¡A ellos! —bramó en seguida el de Venecia, dominando el estruendo de los primeros disparos a quemarropa.

—¡Venguemos a nuestros compatriotas asesinados en Nicosia! —gritaron algunos marineros, alzando sus hachas y arcabuces.

—¡Echad los garfios! —ordenaron los capitanes.

Y los garfios, tras marcar el aire, clavaron sus aceradas puntas en el maderamen de las naves.

—¡Abajo los tablones!

Los tablones de abordaje cayeron pesadamente, y los débiles puentes se llenaron de combatientes de uno y otro bando.

Los «hombres de hacha», protegidos por los disparos de mosquetes y arcabuces, fueron los primeros en saltar sobre la cubierta de la nave enemiga.

Desde los primeros instantes, Barbarigo, el almirante veneciano, había recibido una herida en un ojo. Medio ciego por la sangre que ponía una roja cortina ante él, encontró todavía fuerzas para animar a sus hombres:

—¡A ellos! ¡A ellos!

El mar se había vuelto a agitar y las naves, unidas muchas de ellas por los garfios de abordaje, chocaban entre sí con gran estruendo, tan siniestro y amenazador, sin duda alguna, como el mortal tronar de los morteros.

El lugar de la batalla estaba envuelto por una densa humareda. Sobre la cubierta de los primeros barcos que habían entrado en combate reinaba una gran confusión.

Dos galeras, una turca y otra cristiana, unidas en un abrazo mortal, ardían juntas. Moros y «nazarenos», que unos momentos antes se agredían con saña, se arrojaron al mar en confuso montón.

Las naves de Alí Pachá y de don Juan de Austria se buscaban con afán.

—¡Fuego! ¡Fuego! —gritó el almirante general, dominando con su voz el estruendo del combate.

—¡Los cañones están al rojo vivo, Alteza!

—¡Cambiadlos!

Los artilleros, con los torsos desnudos llenos de sudor y los rostros bañados en sangre, se apresuraron a cumplir la orden.

Alí Pachá agitó su cimitarra por encima de su casco de acero rodeado de blanco turbante. Su alta figura se destacó en la batayola de popa.

—¡Disparad los cañones! —gritó—. ¡Alá nos guía!

LA PELEA SE GENERALIZÓ EN TODAS LAS NAVES, MUCHAS DE LAS CUALES SE HABÍAN EMBESTIDO.
LOS CAÑONES BARRÍAN LAS CUBIERTAS, LLENÁNDOLAS DE METRALLA QUE DESTROZABA VIDAS HUMANAS.
¡FUEGO A DISCRECIÓN! ¡FUEGO!
FIRME EN EL PUESTO QUE SE LE HABÍA CONFIADO, MIGUEL DE CERVANTES LUCHABA CON LA FIEREZA DE UN LEÓN, SIN HACER CASO DE LAS HERIDAS QUE HABÍA RECIBIDO DURANTE EL COMBATE.
¡ÁNIMO, VALIENTES! ¡LUCHAMOS POR CRISTO Y POR ESPAÑA!
¡AAAY!

Pero la orden ya era inútil; la cubierta de su nave, sin que lo hubieran podido impedir sus defensores, estaba llena de soldados españoles y venecianos.

—¡Esto es el fin! —se lamentó uno de sus lugartenientes—. ¡La muerte nos aguarda a todos!

—Lo que está escrito está escrito— dijo Alí Pachá, lanzándose al combate con desesperado ímpetu.

Pero una bala de arcabuz detuvo su camino, hiriéndole mortalmente en el pecho.

—¡Victoria! ¡Victoria! —gritaron los cristianos.

Un soldado se acercó a Alí Pachá y le cortó la cabeza de un solo tajo.

La noticia de la muerte del almirante turco se esparció rápidamente por todas las naves cristianas.

—¡Victoria! ¡Victoria para la Liga!

Pero el grito había sido lanzado de forma harto prematura. El combate proseguía con toda su terrible fiereza en el extremo del golfo, donde las galeras de Andrea Doria luchaban contra las de Uluch Alí, muy superiores en número.

Entre las naves de Andrea Doria estaba la «Marquesa», en cuyo esquife combatía Miguel de Cervantes.

Dos galeras enemigas se habían acercado a la «Marquesa» después de haber barrido su cubierta con los cañones. Uno de los disparos había abierto una vía de agua en la línea de flotación.

—¡Estamos perdidos, Miguel! —gritó uno de los doce hombres que acompañaban a Cervantes, y que él mismo había escogido.

—Es cierto —dijo otro—. La sangre corre a raudales por la cubierta. Si la nave se hunde, arrastrará al esquife a los abismos.

Cervantes, que había recibido dos arcabuzazos en el pecho, atajó con un gesto el pánico que empezaba a apoderarse de sus compañeros.

—También en nuestras venas corre la sangre —dijo—, y a fe que no ha de ser menos generosa que la de nuestros camaradas muertos o heridos.

Las dos naves turcas, en medio del griterío de sus tripulantes, se lanzaron al abordaje.

—¡Preparados para el cuerpo a cuerpo! —rugió el capitán Diego de Urbina.

Las naves chocaron con gran estruendo, haciendo crujir los remos y las cuadernas.

Desde las vergas, enloquecidos por el acre olor de la pólvora y por los gritos de aliento de alféreces y capitanes, los turcos se lanzaron sobre la cubierta de la «Marquesa», sedientos de triunfo y de pillaje.

Pero los soldados españoles, disparando sus arcabuces y pistolas casi a quemarropa, detuvieron por unos momentos aquella avalancha humana.

Cervantes y sus hombres, abandonando el ya inútil esquife, habían trepado a la cubierta de la galera.

—¡La culebrina! —gritó Miguel, manando sangre por sus dos heridas del pecho—. ¡Se ha quedado sin artilleros!

—¡Nada podemos hacer! —dijo uno de los que estaban a su lado—. ¿Acaso no tenemos bastante con combatir a los enemigos que nos rodean?

—¡Hay que hacer algo! —insistió el indomable hidalgo.

—¡Detente! ¿Estás loco?

Pero Cervantes ya no le escuchaba. Corrió hacia una de las piezas instaladas a babor y arrancó la mecha encendida de las manos de un artillero muerto.

Apuntó la culebrina hacia la nave turca que se balanceaba a la izquierda de la «Marquesa» y disparó.

El disparo, si bien arrancó algunas jarcias, no causó daños de consideración en la galera enemiga.

Miguel no tuvo tiempo de volver a utilizar la culebrina; un grupo de serracenos cayó sobre él y tuvo que dispersarlos a golpes de hacha.

—¡Atrás! ¡Atrás!

Al volver junto a sus compañeros vio que muchos de ellos estaban muertos o heridos.

La confusión era tan grande que se hacía imposible identificar, en aquel cuerpo a cuerpo escalofriante, a compatriotas o enemigos.

Un grito de dolor, de rabia mejor, se escapó de la garganta de Cervantes: un tiro de arcabuz le acababa de destrozar la mano izquierda.

—¡Ah!

Sintió que se desvanecía y que, en su cabeza, el estruendo del combate se convertía en un lejano rumor.

—¡Dios mío! —exclamó, intentando agarrar el aire con su mano derecha antes de caer desplomado.

Pavesas de las velas en llamas descendieron sobre él como una lluvia de estrellas.

4

Cuando volvió en sí, sobre una yacija de la gran cámara llena de heridos y moribundos, vio que el rostro del físico de a bordo se inclinaba sobre él.

—No os mováis —recomendó el médico, poniéndole una mano sobre el hombro.

—El combate —murmuró el herido—, ¿ha terminado ya?

—Olvidad eso —recomendó el que le atendía—. El Cielo ayudará a los nuestros. Pero no seréis vos, agotado y herido, quien decida, ni por asomo, el resultado de la batalla.

—¡He de volver a cubierta!

—¡Teneos! —le sujetó el médico—. He curado vuestras heridas del pecho, no muy profundas por fortuna, pero la herida de la mano necesita más serios cuidados.

—¡Ya cuidaréis de ella después! ¡Dejadme volver a cubierta!

—¡Deliráis! Ya os he dicho que...

—¡Dejadme en paz! —gritó el herido, apartando al cirujano y levantándose del camastro como impulsado por una fuerza irresistible—. ¡Id a cuidar a los otros!

—Por lo menos, dejad que os vende la mano.

—¡No hay tiempo!

—Pero...

—Emplead vuestras vendas y ungüentos en quien los haya de menester más que yo, mi buen amigo.

—¿Quién más que vos los necesita, hidalgo testarudo? —se enojó el galeno—. Vuestra mano...

—¡Tengo otra! —gritó Cervantes, apartando definitivamente al médico—. ¡Dejadme!

Y volvió a la cubierta, tal como había decidido.

No sólo era la «Marquesa» la que estaba en grave peligro. En las restantes galeras del grupo de Andrea Doria el triunfo se inclinaba por las huestes de Uluch Alí.

Pero la situación, por fortuna, no tardó en cambiar. Las cinco galeras de la flota de don Alvaro de Bazán, que habían quedado en reserva, se lanzaron en socorro de los barcos del genovés.

La artillería de las naves del marqués de Santa Cruz barrió las cubiertas de los bajeles turcos.

Uluch Alí, viendo que la batalla estaba perdida, decidió reservar para mejor ocasión a los hombres y los barcos que le quedaban.

TIENES LA MANO HE-
RIDA, MIGUEL... VÉ A
QUE TE CUREN.
IRÉ CUANDO
TERMINE EL COMBATE,
PERO NO ANTES... ¡AÚN SOY
NECESARIO AQUÍ!

LA BATALLA PROSIGUIÓ SU CURSO,
SANGRIENTA Y DESPIADADA...

—¡Retirada! ¡Retirada! —ordenó a sus lugartenientes.

La orden fue cumplida con tal presteza, que ni Andrea Doria ni Alvaro de Bazán pudieron impedir la huida de las naves fugitivas.

Poco después, en todo el golfo, la suerte de la batalla se había ya decidido. Ciento treinta bajeles turcos habían quedado en poder de los guerreros de la Cristiandad; los demás, descontando los que habían huido, fueron pasto de las llamas o enviados al fondo de las aguas.

Miguel de Cervantes, después de luchar hasta el agotamiento, había caído sin fuerzas entre los brazos de sus compañeros. El heroísmo, que nace siempre del espíritu, debe inclinarse, a veces, ante las limitaciones insoslayables de nuestra pobre condición humana.

—¡Victoria para los cristianos!
—¡Victoria para don Juan!

Aquellos gritos lanzados al unísono por centenares de gargantas enronquecidas, aquellos gritos que se elevaron como un cántico triunfal por encima del rumor del mar, de los ayes de los moribundos y las súplicas de los vencidos, tuvieron la virtud de reanimar a Miguel.

Pero él no pudo gritar. Ya no quedaban fuerzas en su pecho ni apenas sangre en sus venas.

Antes de perder de nuevo el sentido, la última luz que le llegó a los ojos le vino del cielo azul; de.aquel cielo, lejano y puro, que fue testigo de la gran batalla.

EL CAUTIVERIO

1

La ciudad de Mesina recibió a los vencedores con cánticos y vítores, con banderas y gallardetes desplegados al viento.

—¡Ya llegan las naves! —gritaron algunos impacientes.

Sí, las blancas velas asomaban ya por el horizonte, en la línea luminosa donde el mar y el cielo se confundían.

Los alrededores del puerto y las calles que conducían a él estaban engalanadas, llenas de una multitud enfervorizada, dispuesta a recibir con los brazos abiertos a quienes, con su esfuerzo y su valor, les habían devuelto la paz perdida.

—¡Los turcos ya no se atreverán a desembarcar en nuestras costas!

—¡Se acabó el pillaje!

—¡No más lágrimas y lamentos para nuestras ciudades!

—¡La derrota ha sido completa!

Así exclamaban las buenas gentes de Mesina, sabedoras ya de la buena nueva.

El recibimiento fue triunfal.

—¡Vítor a Don Juan de Austria!

—¡Gloria al paladín de la Santa Liga!

En el puerto de Petela, unos días antes, el almirante general había visitado a los heridos, teniendo para todos una frase de aliento y de consuelo.

Alguien, al detenerse el príncipe ante el jergón donde reposaba Miguel de Cervantes, le refirió la gesta realizada por el joven hidalgo castellano.

—Este valiente, a pesar de estar aquejado de fiebres malignas, subió a cubierta para sumarse al combate, y a fe que peleó como los mejores.

(1) La mano no le fue amputada; la herida, mal curada, se la dejó casi paralizada y fuera de uso.

—¿Cómo os llamáis? —preguntó don Juan de Austria a nuestro héroe.
—Miguel de Cervantes, Alteza.
—¿Son graves vuestras heridas?
—Unos rasguños sin importancia, señor almirante general.
—La herida de vuestra mano, según parece, no es cosa baladí, señor Cervantes.
—Otros han perdido la vida, Alteza —repuso Cervantes—. Con gusto la hubiera dado yo también para que la enseña de la Cruz triunfara sobre los infieles.
—El señor Cervantes, señor —intervino el alférez que acompañaba al príncipe—, es tan buen soldado como poeta.

2

En Mesina, la convalecencia de Miguel se prolongó por espacio de varios meses. Los médicos, entre los que se encontraba el ilustre don Gregorio López, que había atendido a Carlos V, nada pudieron hacer por devolver el movimiento a su mano anquilosada. Las fiebres habían remitido, pero, de vez en cuando, algunos escalofríos sacudían todavía sus ateridos miembros.

El sol de la naciente primavera y el clima templado de Sicilia contribuirían con más eficacia a devolverle la salud que la ciencia de todos los galenos.

Durante sus paseos con otros camaradas por los verdes prados de la isla, les habla de sus proyectos futuros.

—Está decidido, amigos —les dice—. La vida del soldado es la que mejor cuadra a mi condición.

Su pluma descansa, duermen en su mente las rimas y los conceptos.

Antes de que la primavera termine, Cervantes vuelve a la actividad castrense. A primeros de mayo, con la salud recobrada, es destinado a la compañía de don Manuel Ponce de León, perteneciente al tercio de don Lope de Figueroa.

En septiembre de 1573, cuando la armada de don Juan de Austria abandona los puertos de Mesina y Palermo, Cervantes sigue todavía en el tercio de Lope de Figueroa, con el que toma parte en la toma de Túnez.

En el año 1575, su hermano Rodrigo se reúne con él en Nápoles. También ha sentado plaza de soldado. Se intercambian confidencias y noticias mientras deambulan por el puerto, donde observan, con cierta nostalgia, la llegada y la partida de las galeras españolas.

—¿Recuerdas cuando soñábamos en partir hacia las Indias, viendo este mismo espectáculo, cuando vivíamos en Sevilla? —le dijo Miguel.

—Mucho tiempo ha transcurrido desde entonces —suspiró Rodrigo.

—De haber puesto nuestros deseos en práctica, Rodrigo, tal vez ahora seríamos ricos.

—Para un soldado, donde quiera que se halle, difícil es que le sonría la fortuna.

—Por lo menos —dijo Rodrigo— nos llegaría la paga con más puntualidad, En los tercios de Italia, tras ser escasa, nunca se paga a tiempo.

—Cansado estoy —le confesó Miguel— de hacer antesala en el palacio del virrey, el cardenal Granvela, para reclamar lo que se nos debe.

—Nunca fuiste propicio a solicitar mercedes, Miguel.

—No se trata de eso, sino de procurar por nuestros haberes.

—Tal vez ahora vayan mejor las cosas —le consoló Rodrigo—. Se rumorea que el duque de Sesa va a sustituir al cardenal Granvela.

—No perdamos la esperanza.

—¿No me dijiste que su Alteza Serenísima se había interesado por ti en Mesina?

—Es cierto.

—Entonces...

—No cabe pensar en su ayuda. Don Juan de Austria está ocupado en otros negocios más importantes. Me prometió unas cartas de recomendación para su augusto hermano, nuestro rey Felipe, pero...

—¿Te acuerdas de Mateo Vázquez?

—¿Nuestro compañero de correrías en Sevilla? Sí, por cierto.

—Ahora ocupa un cargo importante en la Corte.

—Me alegro, —repuso Cervantes—. Mateo siempre fue muy hábil para la lisonja y pronto a doblarse en reverencias.

Hablaron de sus padres, de la situación de la familia en Madrid que, ciertamente, seguía tan precaria como siempre.

—Quisiera volver a España, Rodrigo —comentó Miguel.

—Yo también —repuso Rodrigo—. Pero, ¿hemos de regresar peor que salimos, pobres y derrotados? Sin embargo, si tú quisieras...

—¿Qué?

—El virrey acabará por recibirte, Miguel. Es como tú, muy aficionado a las Letras. Si dejaras a un lado tu orgullo y solicitases de él unas cartas de recomendación...

—¡No! —le atajó Miguel.

—Recuerda que te fueron prometidas; no reclamas un favor, sino una deuda, hermano.
—Tal vez tengas razón, Rodrigo.
Y añadió:
—Pero mi deseo no es encontrar un destino como el de nuestro amigo Mateo Vázquez. Mi propósito es seguir en la milicia.
—Entonces, ¿para qué necesitas esas cartas de recomendación?
—Para obtener un puesto de capitán.
—¿Capitán? —se extrañó Rodrigo, sin poder evitar que su mirada se dirigiera a la mano estropeada de su hermano.
—¡Sí! —exclamó Miguel—. Una mano imposibilitada no es obstáculo para conseguir el puesto, ya que no ha sido impedimento para que siga en el tercio como soldado. Hablaré con el duque de Sesa en nombre de los dos. Tú puedes usar de las recomendaciones para solicitar el cargo que más te acomode, pero yo seguiré en la milicia.
Los dos hermanos, más animados, entraron en una taberna para refrescar sus gargantas con una jarra de vino.
—¡Por nuestro porvenir, hermano! —dijo Miguel, alzando el vaso.
—¡Que Dios nos lo depare bueno, y de acuerdo con nuestros deseos!

2

Miguel de Cervantes, después de varios intentos fallidos, consiguió al fin entrevistarse con el virrey de Nápoles.
—Os sobran merecimientos para alcanzar el mando de una compañía, señor Cervantes —le dijo el duque de Sesa—. Yo no puedo decidir, pero os entregaré algunas cartas para los altos personajes de la Corte en apoyo de vuestra petición.
Agradeció Miguel la deferencia del virrey, aunque un tanto decepcionado en su fuero interno.
—Esperaré el regreso de don Juan de Austria —se dijo—, y le expondré directamente mis pretensiones.
Don Juan de Austria recibió a Cervantes sin hacerle aguardar, ya que tenía en gran estima a todos los bravos que habían participado en la batalla de Lepanto; con más razón en el caso de Miguel de Cervantes, que había sido uno de los más distinguidos.
Nuestro héroe, con el mayor respeto, expuso sus justas pretensiones al príncipe.

—¿Cómo? —se extrañó don Juan de Austria—. Muchos veteranos, después de la pérdida de la Goleta, cansados de combatir, han pedido la licencia. Supuse que vos, señor Cervantes, estaríais en tal caso.

—No, Alteza —repuso Miguel—. Estimo, señor, que un soldado debe aceptar con buen ánimo lo mismo la alegría del triunfo que la amargura de la derrota. Los defensores de la Goleta cumplieron con su deber hasta el último hombre; lucharon como buenos hasta donde debían y podían.

—Tenéis razón, amigo —afirmó don Juan, admirado por tales palabras—. Don Pedro Portocarrero y sus hombres hicieron cuanto pudieron.

Y añadió, alzando la mirada hacia Cervantes:

—Escribiré de mi puño y letra al rey, mi hermano, solicitando para vos esa compañía. Cabe esperar de que seáis complacido ya que, a causa de esos veteranos que han abandonado las armas, hay muchas plazas vacantes.

—Os lo agradezco, Alteza. Pero...

—Decid —le animó don Juan.

—Desearía que esa compañía fuera de las que sirven a vuestras órdenes, señor.

Don Juan de Austria, halagado y conmovido, replicó:

—Así se lo pediré al rey, y no dudo que habrá de concedernos esa gracia a los dos, señor Cervantes.

—¿Cómo así, señor?

—A los dos, digo —sonrió su Alteza Serenísima—: a vos por satisfacer vuestros justos anhelos; y a mí, no lo dudéis, por concederme el beneficio de tener en mis ejércitos a tan valiente y esforzado soldado.

3

Algún tiempo después, el 20 de septiembre de 1575, Miguel de Cervantes y su hermano Rodrigo embarcaron para España. Iban a realizar el viaje a bordo de la galera «Sol», que en unión de la «Mendoza» y la «Higuera», al mando de don Sancho de Leiva, había salido de Nápoles.

Los dos hermanos llevaban en sus bolsillos el dinero de la última paga y Miguel, además, las cartas de recomendación de don Juan de Austria y el duque de Sesa.

—Parece que el tiempo es bueno —dijo Rodrigo.

—Aunque no lo fuera, hermano —repuso Miguel—, me sentiría con el ánimo alegre y animado, ya que viajamos hacia la patria. Más allá de

LOS MÉDICOS NO TARDARON EN CONFIRMAR A MIGUEL DE CERVANTES QUE HABÍA PERDIDO EL USO DE LA MANO IZQUIERDA, DE RESULTAS DE LAS HERIDAS RECIBIDAS EN LEPANTO, MAS AQUELLA CONTRARIEDAD NO FUE OBSTÁCULO PARA QUE LUEGO DE HABER SIDO ASCENDIDO AL GRADO DE ALFÉREZ, ACUDIESE AL PRÍNCIPE DON JUAN DE AUSTRIA PARA SOLICITAR SU APOYO.

—LA DERROTA QUE SUFRIMOS EN LA GOLETA HA HECHO QUE MUCHOS VETERANOS PUDIESEN SER LICENCIADOS.

—PUES YO OS RUEGO QUE ME RECOMENDÉIS A SU MAJESTAD, PARA QUE SE ME CONFÍE EL MANDO DE UNA COMPAÑÍA, NOMBRÁNDOME CAPITÁN.

—ESCRIBIRÉ AL REY, MI HERMANO, PIDIENDO PARA VOS ESA COMPAÑÍA.

—OS LO AGRADEZCO, ALTEZA, PERO PARA QUE MI DICHA SEA MAYOR... QUE ESA COMPAÑÍA SEA DE ESTOS TERCIOS. ¡DESEARÍA SEGUIR LUCHANDO A VUESTRAS ÓRDENES!

—CONFÍO EN QUE MI HERMANO ATENDERÁ MI PETICIÓN Y QUE PRONTO VOLVEREMOS A VERNOS, SEÑOR CERVANTES.

—ASÍ LO DESEO YO TAMBIÉN.

CON AQUELLA Y OTRAS CARTAS DE SU AMIGO EL DUQUE DE SESA PARA LOS VIRREYES DE MALLORCA Y CATALUÑA, MIGUEL DE CERVANTES EMBARCÓ A BORDO DE LA NAVE "SOL", QUE PARTÍA RUMBO A ESPAÑA, CON LA "MENDOZA" Y LA "HIGUERA".

TENGO YA VEINTIOCHO AÑOS Y HACE DIEZ QUE PARTÍ DE LA PATRIA. HORA ES YA DE QUE EMPIECE A COSECHAR LOS FRUTOS DE MIS ANDANZAS JUVENILES.
DE PRONTO...
¡ALARMA! ¡GALEONES TURCOS A LA VISTA!
¡REPARTID ARMAS A TODOS LOS HOMBRES ÚTILES QUE HAYA A BORDO!
¡IZAD TODAS LAS VELAS Y PONED RUMBO A LA COSTA!
PERO, EN AQUELLOS INSTANTES DECISIVOS, AMAINÓ EL VIENTO...
LOS TURCOS NOS ESTÁN CERCANDO. SUS GALERAS SE MUEVEN A REMOS Y LA NUESTRA HA QUEDADO INMOVILIZADA. ¡ESTAMOS A SU MERCED!

estos mares, Rodrigo, nos aguardan las costas y las ciudades de España.

La tierra italiana se alejaba a sus espaldas y en ella se quedaban las imágenes de los años de espera, de esperanza y melancolía, de soledad tal vez.

—Pronto habré de volver —dijo Miguel—, pues confío en que se me hará la merced de otorgarme el empleo de capitán en una de las compañías de los tercios de don Juan.

Miguel de Cervantes tenía ya veintiocho años, pero conservaba en su pecho todo el ardor y entusiasmo de sus años juveniles.

«Ha llegado el momento de que empiece a cosechar el fruto de tanta dedicación y esfuerzo —se dijo a sí mismo Miguel mientras, apoyado en la borda, escuchaba el rumor del mar y los cantos de los soldados que, como él, regresaban a la patria.

Las estelas que las tres naves dejaban en el agua tranquila se volvían de plata; plata luminosa y viva iluminada por la luna.

De pronto, varias velas aparecieron en el horizonte.

—¡Alarma! ¡Alarma! —gritó el vigía de la «Sol».

Varios bajeles piratas pertenecientes a la flota del bajá de Argel y al mando de Arnaute Mami avanzaban a favor del viento.

—¡Galeones turcos! —anunció el capitán de la «Sol», don Gaspar Pedro.

Se repartieron armas entre los hombres útiles para el combate y los artilleros tomaron posiciones detrás de sus piezas.

Por desgracia, las tres galeras españolas se habían separado considerablemente durante el viaje y la «Sol» tuvo que enfrentarse ella sola a los cuatro bajeles turcos.

Don Gaspar Pedro, persuadido de que no podría enfrentarse con éxito a los cuatro bajeles turcos gritó:

—¡Poned rumbo a la costa!

Se izaron las velas, pero los artilleros permanecieron en sus puestos para disparar contra el enemigo en el caso de que éste intentara cerrarles el paso.

Pero el viento, lamentablemente, no contribuyó a la maniobra ordenada por el capitán de la «Sol».

Las galeras argelinas, movidas a fuerza de remos, establecieron un círculo amenazador en torno a la nave cristiana.

—¡Rendíos! —gritó Arnaute Mami.

—¡Nunca! —fue la inmediata respuesta de don Gaspar Pedro desde el puente de su galeón.

—¡Estáis cercados y a nuestra merced! —vociferó uno de los lugartenientes del jefe de la flota turca.

—¡Id enhoramala! —gritaron los tripulantes de la «Sol».

El capitán Gaspar Pedro se volvió hacia sus hombres.

—Ésa es la respuesta que esperaba oír de vuestros labios, señores —dijo—, ¡Pelearemos hasta el último hombre! ¡Antes la muerte que rendirse al infiel!

Los bajeles piratas, comprendiendo que la nave cristiana no podía escapar, permanecieron a la espera.

La noche transcurrió, prometiendo un amanecer lleno de amargura e infortunio. El alba, teñida de rojo, era un heraldo de sangre y de dolor.

4

Dejemos que el mismo Cervantes, en labios de Timbrio, uno de los personajes de su «Galatea», nos haga el relato del terrible lance.

«—No osaron los enemigos llegar a bordo, porque, viendo que el viento calmaba, les pareció mejor aguardar el día para embestirnos. Hiciéronlo así, y, el día venido, los bajeles que cercados nos tenían se acercaron a nosotros. Con todo esto, no desmayando el valeroso capitán ni ninguno de lo que con él estaban, esperó a ver lo que los contrarios hacían, los cuales, luego como vino la mañana, echaron de su capitana una barquilla al agua, y con un renegado enviaron a decir a nuestro capitán que se rindiese, pues veía ser imposible defenderse de tantos bajeles...

»... Mas, no queriendo hacerlo el capitán, respondió al renegado que se largase, si no que le echaría al fondo con la artillería. Oyó Arnaute esta respuesta y luego, cebando el navío por todas partes, comenzó a jugar desde lejos la artillería con tanta prisa, furia y estruendo, que era maravilla. Nuestra nave comenzó a hacer lo mismo, tan venturosamente, que a uno de los bajeles que por popa combatían echó a fondo, porque le acertó con una bala junto a la cinta, de modo que, sin ser socorrido, en breve espacio se lo sorbió el mar. Viendo esto los turcos, apresuraron el combate, y en cuatro horas nos embistieron cuatro veces...»

Timbrio, el protagonista de la «Galatea», que vive en realidad lo ocurrido al mismo Miguel de Cervantes, prosigue el relato de los hechos de esta manera:

«—... Y al fin, sólo diré que después de habernos combatido dieciséis horas y después de haber muerto nuestro capitán y toda la más gente del

PELEAREMOS HASTA EL ÚLTIMO HOMBRE. ¡ANTES LA MUERTE QUE RENDIRSE A LOS TURCOS!
¡BIEN HABLADO, CAPITÁN! ¡CONTAD CON TODOS NOSOTROS!
INSTANTES DESPUÉS, MIENTRAS LOS TURCOS MANIOBRABAN PARA ATACAR...
APUNTAD TODOS LOS CAÑONES AL CENTRO DE LA NAVE ENEMIGA.
¡FUEGO!
¡UN ENEMIGO FUERA DE COMBATE!
¡POR SANTIAGO! ¡CARGAD DE NUEVO LOS CAÑONES, QUE SE ACERCAN MÁS ADVERSARIOS!

navío, al cabo de nueve asaltos que nos dieron, al último de ellos entraron furiosamente en el barco.»

Así ocurrió todo, en verdad. Rechazadas las ofertas de rendición a pesar de que el combate se mostraba con tanta desventaja para los españoles, don Gaspar Pedro indicó a los suyos que se prepararan para la batalla.

Una nave turca fue alcanzada por la primera andanada que partió de los cañones de la «Sol».

—¡Cargad de nuevo los cañones! —ordenó el capitán español.

Varias veces rechazaron los cristianos la embestida furiosa de los tres bajeles turcos.

Por fin, muerto el capitán Gaspar Pedro y un numeroso grupo de sus hombres, los argelinos se lanzaron al abordaje.

Los supervivientes de la «Sol» resistieron con bravura la desatada avalancha, pero, en breve tiempo, cayeron muertos los más y prisioneros el resto. Entre estos últimos estaban Miguel y su hermano Rodrigo, que fueron conducidos, entre gritos de triunfo y alegría, a la galera capitana de la pequeña flota enemiga.

Su nuevo señor, el capitán de la nave que abordó a la «Sol» se llamaba Dalí Mami, un renegado cojo y avariento, convertido en uno de los más crueles esbirros de Arnaute Mami.

La «Mendoza» y la «Higuera», las dos naves españolas que se apartaron de la «Sol», volvieron en su busca. Pero los corsarios ya estaban lejos y sólo encontraron los restos en llamas de la nave atacada.

—La desgracia no se aparta de nosotros, Rodrigo —dijo Miguel a su hermano—. Difícil será que volvamos a Italia.

Miguel de Cervantes, en efecto, jamás volverá a las tierras donde consumió la mayor parte de su juventud. Los grilletes que le sujetan a los remos de una nave turca se lo impiden ahora; las circunstancias y avatares de su nuevo destino se lo estorbarán más tarde.

LOS RESTANTES BAJELES ARGELINOS ATACARON A UN TIEMPO A LA NAVE ESPAÑOLA...
¡AL ABORDAJE!
LOS ESPAÑOLES SE DEFENDIERON VALIENTE Y DESESPERADAMENTE...
¡AYY!

LOS BAÑOS DE ARGEL

1

Los sueños de gloria alimentados por la fantasía de Miguel de Cervantes se habían esfumado como barridos por el viento.

Ya no navegaba ahora con rumbo a las costas de la patria, sino proa a un porvenir incierto.

Lo mismo que se hundiera en las profundas aguas la galera «Sol», así se había hundido la esperanza de los dos hermanos.

—¿Regresaremos alguna vez a España, Miguel? —preguntó Rodrigo, que era el más abatido de los dos.

—Así lo espero —repuso Miguel.

—¡Mala ventura la nuestra!

—No debes lamentarte.

—¿Cómo? ¿Acaso no tenemos motivos?

—Si la esperanza se pierde, todo está perdido.

—Éste es nuestro caso, hermano.

—No me lo parece a mí, Rodrigo.

—Por lo pronto, agradezcamos al Cielo el haber conservado la vida.

—¡Bah! —exclamó Rodrigo—. ¿No hubiera sido preferible morir en el combate?

—Mala cosa es el cautiverio, en verdad, pero es pesadumbre a la que los avatares de la fortuna pueden poner remedio, trocando la esclavitud en libertad.

—¡Muy confiado estás!

—Confío en Dios.

Rodrigo, mostrando a Miguel los hierros que le sujetaban al banco de los remeros, ahora ociosos por emplear las tres naves la fuerza del viento para navegar, dijo con desaliento:

—No es fácil evadirse de las garras de estas crueles gentes, Miguel.

...PERO TUVIERON QUE SUCUMBIR AL NÚMERO DE SUS ATACANTES.
¡CARGAD DE CADENAS A LOS PRISIONEROS Y ARROJAD AL MAR LOS CADÁVERES!
ALGUNOS DE ELLOS TIENEN CARTAS QUE LES ACREDITAN COMO NOBLES. ESTOY SEGURO DE QUE POR SU RESCATE PAGARÁN UN BUEN DINERO.
BIEN... A ESOS NO LES PONGÁIS AL REMO. ENCERRADLES EN UN CALABOZO Y DADLES DE COMER Y DE BEBER.
INFLADAS POR EL VIENTO QUE ACABABA DE LEVANTARSE, LAS NAVES CORSARIAS PUSIERON PROA A ARGEL, MIENTRAS PARA MIGUEL DE CERVANTES Y SUS COMPAÑEROS DE DESGRACIA COMENZABA LA ÉPOCA MÁS TRISTE DE SUS VIDAS: LA DEL CAUTIVERIO.
¡TAN CIERTO COMO HAY DIOS QUE HE DE FUGARME!... DEL BARCO NO PUEDO HACERLO AHORA, PERO LAS PRISIONES TIENEN MUROS, Y POR ALTOS QUE SEAN LOS ESCALARÉ HASTA SER LIBRE... ¡O MORIRÉ EN EL EMPEÑO!
CUANDO LOS VIGÍAS DE LA CIUDAD ANUNCIARON QUE LLEGABAN TRES NAVES, UN GRAN GENTÍO SE AGOLPÓ EN EL PUERTO DE ARGEL...
...ENTRE LOS CUALES FIGURABAN LOS MERCADERES DE ESCLAVOS, QUE ACUDÍAN PARA SER LOS PRIMEROS EN ELEGIR SU "MERCANCÍA".

—En no faltando el ánimo, nada es imposible.
—¿Imaginas poder escapar de este barco?
—No, pero sí de la cárcel, una vez en tierra.
—Las cárceles tienen muros y rejas, ¿lo has olvidado?
—Pero los muros pueden escalarse y las rejas romperse.
—Escapar de las cárceles de Argel lo tengo por imposible —dijo Rodrigo con gesto de redoblado abatimiento—. No hay cautiverio bueno, pero ése es el peor de todos.

Razón tenía Rodrigo de Cervantes en lamentarse, ya que de los tenebrosos «baños» de Argel era improbable la huida. El desventurado que tenía la desgracia de entrar en ellos solamente los abandonaba para ser sometido a una afrentosa ejecución o, en el mejor de los casos, para ser vendido como esclavo; nunca, o casi nunca, para recobrar la libertad.

2

Dali Mami se sentía plenamente satisfecho. Los prisioneros cristianos, destinados de momento a engrosar el número de galeotes que remaban en las naves, serían vendidos, al llegar a puerto, en el mercado de esclavos.

—No habrán de faltar compradores —comentó con uno de sus lugartenientes—. Sólo es de lamentar que su número no sea mayor. Pero esos bribones se defendieron con denuedo y los muertos, por desdicha, superan a los cautivos.

—¡Alá es grande! —exclamó el lugarteniente—. Los prisioneros son pocos, pero hay entre ellos algunos caballeros principales.

Los ojos del renegado brillaron de codicia.

—¿Estás seguro? —preguntó.

—Por lo menos uno de los cautivos, presumo que es un hombre importante. Estas cartas que llevaba consigo lo demuestran, Dali Mami.

Las ávidas manos del renegado se apoderaron de los papeles que le tendía su interlocutor, apresurándose a examinarlos.

—¡Hum! —murmuró—. Son cartas de recomendación en favor de un tal Miguel de Cervantes y van firmadas por el mismo don Juan de Austria.

—¡Alá es grande! —repitió el lugarteniente.

—Quita los hierros a ese cristiano —ordenó Dali Mami— y sácale del banco de los remeros.

—¿Y el otro—

—¿Qué otro? —preguntó el renegado.

—El que se menciona también en una de las cartas, poderoso señor. Al parecer, es hermano de ese Miguel de Cervantes.

—¡Hum! Por lo tanto, un personaje importante.

—¡Es evidente!

—No hay duda de que Alá, siempre bendecido y alabado, ha puesto su mano protectora sobre nosotros.

—Sí, poderoso Dali Mami.

—Esos dos cristianos me valdrán sus buenos doblones.

—¿Piensas pedir rescate?

—Tal vez —repuso Dali Mami, el bárbaro que era ahora el propietario de los prisioneros cristianos capturados—. Pero también podría ser que los vendiese a buen precio al sultán de Turquía. Personajes tan principales pueden tasarse muy alto. Sin embargo, hay que evitar que sean maltratados a fin de que ofrezcan un buen aspecto cuando llegue el momento de exponerlos en la subasta.

—¡Alá es grande! —exclamó nuevamente el esbirro de Dali Mami que, al parecer, era muy devoto.

—Encierra a esos dos en la sentina y ordena que no sean maltratados.

—Así se hará, poderoso halcón de los mares.

—Y cuida, también, de que les den de comer y de beber.

—Cumpliré tus órdenes, mi gran señor.

—¡Espera! —le detuvo el renegado, viendo que el otro iba a retirarse.

—Señor...

—Si esos dos cristianos no llegan a D'ezair en perfectas condiciones, ya puedes despedirte de tus orejas.

—Siempre te he servido con fidelidad, Dali Mami —empezó a protestar el lugarteniente—. Te aseguro que yo...

—¡Fuera de mi vista, bribón! —gritó el renegado.

De este modo, las cartas que habían de servir para abrir con llave de plata las puertas de la fortuna a Miguel de Cervantes, se convirtieron en promesa inquietante de un cautiverio más prolongado. ¿Quién iba a pagar por su libertad el alto precio que por ella pondrían sus aprehensores? Miguel y Rodrigo no eran unos personajes importantes, como equivocadamente suponía Dali Mami, y nadie, aparte de su familia, haría el menor esfuerzo por reunir el dinero del rescate.

De momento, las cartas de recomendación que Cervantes llevaba consigo en su ropilla habían conseguido algo positivo: librarle a él y a su hermano de la tortura del remo.

Los dos hermanos, extrañados del trato que recibían, no podían sospechar que Dali Mami les tomaba por dos grandes de España.

—¿Por qué nos habrá sacado del banco de los galeotes? —preguntó Rodrigo a Miguel.

—No lo sé.

—¿No te parece verdaderamente extraño que ese bárbaro renegado se haya apiadado de nosotros.

—Dudo que sea la piedad lo que le haya movido a mostrarse generoso.

—Tal vez tu mano enferma...

—¡Bah! ¿Un cojo compadeciéndose de un manco?

—¿Por qué no?

—No creo que sea ese el motivo, Rodrigo.

Razón tenía Miguel de Cervantes en desconfiar de las buenas intenciones de Dali Mami. Ya sabemos que sólo la codicia y el afán de llenar de oro su bolsa le indujeron a mostrarse condescendiente con los dos prisioneros cristianos.

Miguel y Rodrigo, pese a todo, no se hacían demasiadas ilusiones.

—¡Hemos perdido la libertad! —exclamó Miguel—. El don más preciado a que el hombre puede aspirar.

Habían perdido la libertad, sí, y no en manos de la justicia, por algún delito cometido, como los forzados galeotes que aparecen en uno de los capítulos del «Quijote»:

«... que don Quijote abrió los ojos y vio que por el camino que llevaba venían hasta doce hombres a pie, ensartados como cuentas en una gran cadena de hierro, por los cuellos, y todos con esposas en las manos. Venían ansimismo con ellos dos hombres de a caballo y dos de a pie; los de a caballo con escopetas de rueda y los de a pie con dardos y espadas; y que así como Sancho Panza los vido, dijo:

»—Ésta es cadena de galeotes, gente forzada del rey, que va a las galeras.

»—¿Cómo gente forzada? —preguntó don Quijote—. ¿Es posible que el rey haga fuerza a ninguna gente?

»—No digo eso, sino que es gente que por sus delitos va condenada a servir al rey en las galeras, de por fuerza.

»—En resolución —replicó don Quijote—, como quiera que ello sea, esta gente, aunque los lleven, van de por fuerza, y no de su voluntad.

»—Así es —dijo Sancho.

»—Pues desa manera —razonó don Quijote—, aquí encaja la ejecución de mi oficio: desfacer fuerzas y socorrer y acudir a los miserables.

»—Advierta vuestra merced —dijo Sancho— que la justicia, que es el mesmo rey, no hace fuerza ni agravio a semejante gente, sino que los castiga en pena de sus delitos.»

Don Quijote liberó a los galeotes, apaleando y descalabrando a sus guardianes, exigiendo como único pago de su hazaña que los forzados se presentaran ante la sin par Dulcinea del Toboso, dulce prenda de amor del fiel y enamorado caballero.

Pero, ¿quién iba a liberarles a ellos del cautiverio de los turcos? ¿Qué esforzado caballero andante procuraría por su libertad?

3

Los tres bajeles piratas, después de una favorable navegación, llegaron al puerto de D'ezair, en las costas de Argel.

Así que las velas aparecieron en el horizonte, una gran multitud se congregó en los muelles.

Las tres naves entran en el puerto, avanzando a fuerza de remos.

Las salvas disparadas desde la galera capitana habían anunciado que un valioso botín se almacenaba en sus bodegas.

Al doblar el espolón, gritos de entusiasmo acogieron a los tres bajeles victoriosos. Entre los curiosos había beduinos tostados por el ardiente sol, árabes, turcos y comerciantes judíos.

Desde el puente de sus respectivas naves, Arnaute Mami y Dali Mami sonreían satisfechos.

Los prisioneros cristianos fueron desembarcados a golpes de látigo y obligados a avanzar hacia las mazmorras cercanas al puerto, entre una masa de gente que los injuriaba y amenazaba.

—¡Humillad vuestro orgullo!
—¡Doblegad vuestro orgullo!
—¡La cólera de Alá caiga sobre vosotros!

Algunos los más crueles, arrojaban sobre los cautivos piedras y desperdicios, mientras los capitanes de las tres galeras iban camino de sus palacios, a descansar bajo la sombra acogedora de las palmeras y de las cantarinas fuentes, donde se detenía el ardor del desierto y los rayos del sol, tamizados por el follaje, se convertían en suave caricia.

El amargo desfile de los esclavos y prisioneros terminó en las mazmorras de Argel, en los terribles «baños», oscuras y sucias cárceles, pozos siniestros, donde se arrojaba a los cautivos como condenados al infierno.

¡VAMOS, SALID DE UNO EN UNO! ¡APRISA!

¡JA, JA, JA!

¡DON JUAN NO HA VENIDO! ¡NO OS RESCATARÁ Y MORIRÉIS AQUÍ!

HABÍA OÍDO HABLAR MUCHO DE LO QUE ERA SER CAUTIVO EN ARGEL... PERO TODO ERA PÁLIDO ANTE ESTA REALIDAD. ¡CUESTE LO QUE CUESTE HE DE ESCAPAR DE AQUÍ!

Aquella fue la idea fija que se posesionó de la mente de Miguel de Cervantes, desde que quedó encerrado con los demás esclavos de Dalí Mamí.

¿SE HAN EFECTUADO MUCHOS INTENTOS DE FUGA?

¡YA LO CREO!... Y LA MAYORÍA HAN FRACASADO.

YO HE SIDO EL ÚLTIMO QUE LO HA INTENTADO Y COMO NO TUVE ÉXITO EL BEY ORDENÓ QUE ME CASTIGARAN.

¡QUÉ SALVAJADA!

Los viejos y los enfermos terminaban allí su vida consumidos por la fiebre y la miseria más espantosa. Los más jóvenes sólo permanecían allí algunos días, a la espera de ser vendidos en el mercado de esclavos.

Miguel de Cervantes y su hermano no se libraron de aquella espantosa tortura.

—¡Dios mío! —se lamentó Rodrigo—. No podremos soportar por mucho tiempo este aire infecto y malsano.

—La privación de la libertad es lo que más me preocupa —dijo Miguel.

—Pronto nos liberará la muerte, hermano.

—¡Válgame el cielo! —exclamó uno de los cautivos—. ¿Cómo es posible la vida en semejante lugar?

—Mucho había oído hablar de los «baños» de Argel —dijo Cervantes—, pero nunca imaginé que la realidad fuera más terrible.

—¡Somos muertos en vida!

—¡No hay esperanza para nosotros!

—¡Eso no lo admito! —exclamó Miguel—. Cueste lo que cueste, no he de parar hasta escapar de aquí.

—¿Estás loco, amigo? —dijo uno de los cautivos.

—Locura, mi buen camarada, sería pensar lo contrario.

—¿Escapar de este lugar? ¡Imposible! —sentenció uno de los prisioneros que ya llevaba algún tiempo encadenado en el interior de la mugrienta mazmorra.

—¿Se ha efectuado algún intento de fuga? —preguntó Miguel.

—¡Por supuesto! Pero siempre han fracasado.

—¡Yo no fracasaré! —prometió Cervantes.

El antiguo cautivo, mostrando a los recién llegados su cabeza vendada, dijo:

—Yo he sido el último que intentó recobrar la libertad, y ved lo que hicieron conmigo cuando volvieron a capturarme.

—¡Cielo Santo! —se escandalizó Rodrigo—. ¡Eso no es propio de seres humanos!

—¿Seres humanos nuestros nuevos dueños? ¡Mejor sería decir que son peores que fieras salvajes!

—En cualquier caso —opinó otro—, no permaneceremos aquí por mucho tiempo, hermanos; nos librará la codicia de los mercaderes de esclavos o una muerte piadosa. Muchos de nosotros, tenedlo por seguro, seremos arrojados al desierto para alimento de buitres y alimañas, como inútiles despojos.

—Ninguna de las dos alternativas se acomoda a mis gustos —aseguró Miguel de Cervantes.

—¿Cómo evitarlo?
—¡Escapando!
—Eres obstinado, compañero, pero de nada ha de valerte.
—¡Eso está por ver!
—Cuando, como yo, lleves algún tiempo en este agujero, dejarás de soñar en lo imposible.
—Razón de más para intentar la fuga cuanto antes —dijo Miguel.
—¡Será inútil!

Rodrigo no participaba del optimismo de su hermano Miguel, pero nada dijo. En la casi completa oscuridad de su encierro, prendida el alma de añoranzas y tristes presentimientos, sus ojos se llenaron de lágrimas. Confusamente, como si su voz le llegara de un lugar lejano, escuchó cómo Miguel, con terquedad, repetía una y otra vez.

—¡He de fugarme! ¡Como hay Dios en el Cielo que he de conseguirlo, o moriré en el empeño!
—Es un imposible.

Y como hará decir años después a uno de sus personajes:

«... Mira que lo imposible no se alcanza, que el que busca lo imposible, es justo que lo posible se le niegue, como lo expresó mejor el poeta:

> *Busco en la muerte la vida,*
> *salud en la enfermedad,*
> *en la prisión libertad,*
> *en lo cerrado salida.*»

Pero la única salida de aquel encierro era la muerte o la esclavitud. Y cualquier intento de lograr la libertad era vano, como no fuera por la vía del rescate.

INTENTOS DE FUGA

1

Miguel de Cervantes había pensado en la fuga en el mismo momento en que fue capturado.

Pero ahora, mientras languidecía en las profundidades de la mazmorra, su espíritu empezaba a desfallecer.

—¿Tendrán razón mis compañeros de infortunio? —se preguntaba—. ¿No es locura imaginar siquiera que podré satisfacer algún día mis ansias de libertad?

Algunos cautivos, más desdichados que viles, aceptaban las proposiciones de sus verdugos y compraban su libertad renegando de su religión.

—¡Jamás haré yo eso! —se prometía a sí mismo Miguel, estremeciéndose de horror sólo ante la idea de semejante traición a su patria y a sus convicciones.

En la primera parte del «Quijote», donde un imaginario cautivo cuenta sus desventuras, Miguel de Cervantes nos relata, indudablemente, sus propias experiencias.

Dice el cautivo:

«—En estos «baños», como tengo dicho, suelen llevar a sus cautivos cuando son de rescate, porque allí los tienen holgados y seguros...

»Yo, pues, era uno de los de rescate; que como se supo que era capitán, y aunque dije mi poca posibilidad y falta de hacienda, no aprovechó nada para que no me pusieran en el número de los caballeros y gente de rescate. Pusiéronme una cadena, más por señal de rescate que por guardarme con ella, y así pasaba la vida en aquel "baño" con otros muchos caballeros y gente principal, señalados y tenidos por de rescate; y aunque la hambre y la desnudez pudiera fatigarnos a veces, y aun casi siempre, ninguna cosa nos fatigaba tanto como oír y ver a cada paso las jamás vis-

PERO ESO ME INCITA A PLANEAR CON MAYOR DETENIMIENTO LA FUGA. TODO SERÁ CUESTIÓN DE ESTUDIAR BIEN LAS PROBABILIDADES Y LUEGO EMPRENDER LA HUIDA CON DECISIÓN.
SI TENÉIS ALGUNA IDEA, DECÍDNOSLO. ¡PODÉIS CONTAR CON NOSOTROS!
Y NO OS PREOCUPÉIS DEMASIADO POR LAS CONSECUENCIAS, PORQUE MÁS PREFIERO PERDER LA VIDA QUE SEGUIR SIENDO UN ESCLAVO DE LOS TURCOS.
CERVANTES EMPEZÓ A IDEAR PLANES DE FUGA...
SÓLO HAY DOS CAMINOS PARA ESCAPAR DE ARGEL: EL DEL MAR Y EL DE TIERRA, PERO AQUEL, SIN AYUDA DE UNA NAVE, ES UN IMPOSIBLE.
POR TIERRA HAY QUE ATRAVESAR SESENTA LEGUAS DE MONTAÑAS CUBIERTAS POR MALEZAS CASI IMPENETRABLES, HASTA ALCANZAR LA PLAZA DE ORÁN.
UNA VEZ TOMADA SU DECISIÓN, MIGUEL DE CERVANTES PASÓ A RELACIONARSE CON LAS PERSONAS QUE PODÍAN AYUDARLE EN SUS PROYECTOS.
CONOZCO PERFECTAMENTE LOS SENDEROS DE LAS MONTAÑAS.
GUÍANOS HASTA ORÁN Y TE PAGAREMOS ESPLÉNDIDAMENTE.

tas ni oídas crueldades que mi amo usaba con los cristianos. Cada día ahorcaba el suyo, empalaba a éste, desorejaba a aquél; y esto, por tan poca ocasión y tan sin ella, que los turcos conocían que lo hacía no más que por hacerlo, y por ser natural condición suya ser homicida de todo el género humano. Sólo libró bien con él un soldado español llamado tal de Saavedra, el cual, con haber hecho cosas que quedarán en la memoria de aquellas gentes por muchos años, y todas por alcanzar la libertad, jamás le dio palo, ni se lo mandó dar, ni le dijo mala palabra; y por la menor cosa de muchas que hizo temíamos todos que había de ser empalado, y así lo temió él más de una vez; y si no fuera porque el tiempo no da lugar, yo dijera ahora algo de lo que este soldado, que fuera parte para entreteneros y admiraros algo mejor que con el cuento de mi historia.

»Digo, pues, que encima del patio de nuestra prisión caían las ventanas de la casa de un moro rico y principal, las cuales, como de ordinario son las de los moros, más eran agujeros que ventanas, y aún éstas se cubrían con celosías muy espesas y apretadas. Acaeció, pues, que un día...»

Seguir el relato del cautivo de la ficción sería como seguir las andanzas y desventuras del propio Cervantes en las prisiones de Argel.

La realidad, como sucede a menudo, es más novelesca que la más fantástica historia imaginada.

Miguel de Cervantes sólo tenía una obsesión: la fuga.

—Todo es cuestión de examinar bien todas las posibilidades y trazar un plan que deberá ser seguido con decisión.

—¿Os bulle ya alguna idea en la cabeza, señor Cervantes?

—Sí, amigos.

—Exponedla.

—¿Puedo contar con la ayuda de vuesas mercedes?

Los cautivos que rodeaban a Miguel asintieron, contagiados al fin por la inquebrantable fe de su compañero.

—¡Os seguiremos hasta el fin, señor Cervantes! —dijo uno.

—En tal caso, prometo a vuestras mercedes que pronto estaremos libres. Y no hay que preocuparse en demasía por las consecuencias de un intento fallido; mejor es perder la vida en la lucha por la libertad que seguir vivo siendo esclavo de los turcos.

«Sólo hay dos caminos para escapar de Argel: el del mar y el de tierra. Por el camino del mar, sin la ayuda de una nave, es un imposible.

—¿Y por tierra? —preguntó Rodrigo.

—Por tierra —repuso Miguel— podríamos llegar a Orán. Pero, para ello, es preciso atravesar una larga cadena de montañas casi infranqueables y llenas de peligros.

—¿Sin agua y sin alimentos?

—¡Dios proveerá! —exclamó Cervantes.

—¡Son más de sesenta leguas!

—Es un viaje lleno de dificultades, no se me oculta —les animó nuestro héroe—. Pero el esfuerzo vale la pena.

—El riesgo es mucho —objetó uno de los cautivos.

—¿Cómo? —se enojó Cervantes—. ¿No habían decidido vuesas mercedes seguirme sin vacilar?

—Decís verdad, señor Cervantes, pero...

—A nadie habré de forzar —le interrumpió Miguel—. Si alguien prefiere quedarse, no escuchará de mis labios el menor reproche.

—Os seguiremos todos, señor Cervantes, pero es preciso tener en cuenta todas las dificultades de la empresa. ¿Habéis pensado en las patrullas de vigilancia que el bey a dispuesto a lo largo del camino que conduce a nuestra incierta meta?

—¡Las evitaremos!

—¿Y las tribus de beduinos? Son tan feroces y sanguinarios como los hombres del mismo bey.

—¡Basta ya, caballeros! —les atajó Miguel de Cervantes—. Ni uno solo de esos inconvenientes ha escapado a mi cuidado. Todos pueden ser evitados si contamos con la ayuda de un guía.

—¿Un guía? ¡Buena solución, por cierto! Pero, ¿dónde encontrarlo?

—Lo encontré ya, caballeros.

Los demás se extrañaron mucho.

—¿Dónde?

—¡No es posible!

—¿Se trata acaso de otra de vuestras locas fantasías, señor Cervantes?

—No —les tranquilizó Miguel—. Como ya sabéis, nuestro carcelero, que me tiene por un inválido, me ha concedido en los últimos días una relativa libertad. El defecto de mi mano izquierda, que ya me liberó del infierno de remar en las galeras, me ha proporcionado ahora el privilegio de ser empleado como emisario o recadero. Soy un cautivo, pero un cautivo que, al menos, algunos días, puedo respirar el aire libre.

—Y...

—No es el momento de explicar ahora cómo he conocido a nuestro futuro guía. Sepan sólo vuesas mercedes que está dispuesto a prestarnos ayuda.

—¿Traicionando a los suyos?

—¿Por qué no? Por fortuna, nuestro hombre es codicioso. Si le pagamos con largueza, barrunto que la idea de favorecer a unos indefensos

UNA VEZ CONSEGUIDO EL GUÍA, CERVANTES COMBINÓ CON SUS COMPAÑEROS TODOS LOS DETALLES PARA QUE SU PLAN DE FUGA LO CORONASE EL ÉXITO.

DURANTE VARIOS DÍAS RECOGEREMOS PROVISIONES PARA EL CAMINO.

NO ESTARÁ DE MÁS QUE TRATEMOS DE CONSEGUIR TAMBIÉN ALGÚN ARMA.

AL FIN LLEGÓ EL DÍA QUE CERVANTES Y SUS CAMARADAS HABÍAN ELEGIDO...

¡FUERA LAS CADENAS!

¡VOLVEREMOS A SER LIBRES!

ESCALANDO LOS MUROS DE LA MAZMORRA EN QUE ESTABAN ENCERRADOS...

...EMPRENDIERON EL CAMINO HACIA LAS PLAYAS, OCULTÁNDOSE ENTRE LAS ROCAS, PASANDO CERCA DE LAS ROMPIENTES.

TODAVÍA NO DEBEN HABERSE DADO CUENTA DE NUESTRA FUGA.

EN ESO CONFÍO, YA QUE CONVIENE QUE CUANDO AMANEZCA ESTEMOS LEJOS DE AQUÍ.

fugitivos cristianos, traicionando a sus hermanos de raza, no habrá de atormentarle con exceso.

—¿Y si es a nosotros a los que pretende traicionar, señor Cervantes?

—En tal caso, caballeros, no tendríamos demasiado tiempo para emplearlo en lamentaciones.

Puestos de acuerdo los conjurados, Miguel de Cervantes, en la primera ocasión que le fue propicia, se entrevistó con el guía para ultimar los últimos detalles de la arriesgada fuga.

Durante varios días recogieron todas las provisiones que les fue posible.

—No estaría de más que nos procurásemos algún arma —dijo Rodrigo.

—Eso, hermano, es pedir demasiado.

Lo único que el moro amigo de Cervantes les pudo suministrar fue una pequeña sierra para librarse de las cadenas.

Y así, al llegar la noche que habían elegido...

2

La noche era oscura como boca de lobo a pesar de que en el cielo brillaban las estrellas.

El rumor de las olas, al estrellarse contra los acantilados, resonaba en los oídos de los fugitivos como un canto de esperanza y libertad.

—¿Conseguirás llevarnos hasta la frontera? —le preguntó Miguel al viejo guía.

—Sólo Alá conoce la respuesta —dijo éste—. Lo que está escrito, está escrito.

Habían conseguido ya lo que parecía más difícil, es decir, escalar los altos muros de las mazmorras en que estaban encerrados.

Ahora avanzaban en silencio, con los corazones palpitantes de ansiedad y recelo.

—¿Se habrán ya dado cuenta de nuestra huida? —se inquietó Rodrigo.

—No lo creo —le tranquilizó Miguel—. Pero no nos preocupemos por los peligros que hemos dejado atrás, sino por aquellos que nos esperan a partir de ahora. Y no para retroceder ante ellos, sino para afrontarlos sin desmayo, Rodrigo.

La noche era oscura, como hemos dicho, y eso favorecía su intento.

—Es preciso que las primeras luces del alba nos sorprendan lejos de aquí, amigos —dijo Miguel.

Sin detenerse ni un solo momento, sin dar el más ligero reposo a su fatiga, los fugitivos siguieron avanzando hacia las montañas, siguiendo al guía que, silencioso y huraño, iba delante de ellos.

Al amanecer, después de haber recorrido un largo camino, el guía se detuvo.

—¿Qué ocurre? —le preguntó Cervantes al ver su indecisión.

El moro le atajó con un gesto, señalando hacia uno de los senderos que serpenteaban por entre medio del desolado paraje.

—Hay que seguir —dijo.

Avanzaron en pos de él los fugitivos, olvidando el dolor de sus miembros y la fatiga de sus piernas.

Dice el cautivo en el famoso libro escrito por Cervantes:

«—Amaneció más tarde, a mi parecer, de lo que quisiéramos. Acabamos de subir toda la montaña, por ver si desde allí algún poblado se descubría, o algunas cabañas de pastores; pero aunque más tendimos la vista, ni poblado, ni persona, ni senda, ni camino descubrimos.»

La misma inquietud, la misma impresión de soledad y desamparo atenaza ahora a los huidos.

—¿Conseguiremos llegar a Orán? —pregunta el sargento Navarrete, uno de los evadidos.

—Eso espero —responde Miguel de Cervantes.

—No me fío de nuestro guía.

—Yo lo tengo por bueno, señor Navarrete.

—Nos observa con recelo y apenas habla.

—No conviene a nuestro negocio que sea experto en hilvanar discursos, señor sargento, sino en mover sus piernas en la dirección debida.

—Tampoco en eso le considero demasiado entendido, señor Cervantes.

—¿Cómo así?

—¿No habéis advertido en él ciertas vacilaciones, ciertas dudas que no auguran nada bueno?

—¡Bah!

—¡Mirad! Ahora se ha detenido.

—Es ya viejo —repuso Cervantes—, y habrá resuelto que sus doloridos pies necesitan reposo. Cuanto más, que esa cercana fuente y ese bosquecillo de frutales nos invitan a reparar nuestras fuerzas.

Pero no era ésa la intención del guía. No parece reconocer aquel lugar y observa las montañas que tienen frente a sí con cierta perplejidad, como desorientado y confuso. Una sombra de indecisión, ahora advertida por todos, se dibuja en su atezado semblante.

Cervantes, acercándose a él, le dijo:

—¿Por qué vacilas? ¿Acaso te has perdido?

—Pues confieso que sí —repuso el guía, como avergonzado de su torpeza.

—¿Cómo es eso? —le reprochó Miguel—. Me aseguraste que conocías todos los pasos para llegar a Orán a través de las montañas.

—Es cierto.

—Entonces...

—Disculpa mi torpeza, sidi, pero el tiempo no pasa en vano.

—¿Qué quieres decir?

—Que los años debilitan la vista del águila y el instinto del chacal, ¿por qué han de ser más generosos con un pobre viejo como yo?

—¿Pretendes decir con eso que nos has conducido por un camino equivocado?

—Sólo Alá, el que es poderoso entre los poderosos y sabio entre los sabios, conoce la verdadera senda.

—Pero es a ti a quien hemos ofrecido el pago a cambio de esos conocimientos, no lo olvides.

—Dices verdad, cristiano —admitió con humildad el guía, bajando la cabeza para ocultar a los ojos del hidalgo castellano el brillo de odio y cautela que alteró su mirada.

—Entonces, ¿hemos caminado en vano?

—¿Qué ocurre? —preguntó Rodrigo, haciendo corro, con los otros evadidos, en torno al viejo argelino.

—¡Este viejo bribón admite haberse extraviado, señores! —les explicó Miguel.

—¡Me lo temía! —exclamó el sargento Navarrete, avanzando hacia el moro con gesto amenazador.

—Calma —le recomendó Cervantes, tomándole del brazo.

—¡Vive Dios! —porfió el sargento—. No soy hombre que tolere traiciones ni malas artes, señor Cervantes. Permitid que avive la memoria de este truhán con una buena tanda de palos. Dejádmelo unos instantes en mis manos y os aseguro que recordará el camino aunque haga cien años que lo haya olvidado.

—Yo no dije que lo hubiera olvidado, cristianos —intervino el guía.

—¿No?

—Sólo dije que me había extraviado.

—¡Vaya! —exclamó el sargento Navarrete—. ¿Y no es lo mismo, señor bribón?

—No —repuso el moro, adoptando otra vez el mismo gesto de fingida humildad—, pues estoy seguro de encontrarlo si vuelvo sobre mis pasos para orientarme.

—¡Esa es otra! —se encrespó el sargento—. ¿Nos tomas acaso por estúpidos, hijo del hijo de un bergante? Por lo que a mí respecta, adviértote que no me chupo el dedo, señor moro; ni tampoco mis compañeros, si se exceptúa el señor Cervantes, de suyo confiado, al que puede engañarse como a un párvulo o a un niño de la doctrina.

—Teneos, os lo ruego —le atajó Miguel, cortando el paso a su enfurecido compatriota—. ¿Quién puede asegurar que este hombre no es sincero?

—¡Yo! —gritó Navarrete.

—Pero...

—¡Tan sincero es como mi abuela, señor Cervantes, que aseguró ante el escribano del lugar tener sólo veinte abriles cuando, de largo, había cumplido ya los ochenta!

—¡Exageráis!

—Mejor creería a vuesa merced si me dijera que lleva la luna en su zurrón que a este bribón cuando asegura que va a conducirnos hasta Orán.

—Démosle ocasión de demostrarlo, sargento.

—¿No es correr un riesgo excesivo, Miguel? —intervino Rodrigo.

—Tal vez —admitió Cervantes—. Pero ya hemos ido demasiado lejos, hermano, y peor sería retroceder.

3

Por fin, tras una acalorada discusión, los evadidos acabaron por aceptar el criterio de Cervantes. Permitieron que el moro volviera atrás, para orientarse, permaneciendo ellos allí, a la espera, en el bosquecillo de frutales.

Pero, por desdicha, el moro no volvió.

—Tal como yo dije —sentenció el sargento Navarrete—, ha resultado ser un traidor.

—Tal vez ha tenido miedo del castigo de Dalí Mami —le excusó Miguel.

—Para el caso es lo mismo, hermano —dijo Rodrigo—. Eso no remedia nuestros males.

HORAS, MÁS TARDE...

¿ESTÁS SEGURO DE QUE VAMOS POR BUEN CAMINO?

SÍ, SIDI... CREO QUE SI...

ESCONDEOS AHÍ Y ESPERADME. VOY A CERCIORARME DE QUE NO ME EQUIVOQUÉ DE CAMINO.

LE VEO PENSATIVO, CERVANTES.

ES QUE TEMO QUE ESE HOMBRE NOS HAYA TRAICIONADO.

Transcurrieron varias horas sin que regresase el moro, con lo que se confirmaron los temores de Cervantes.

¿QUÉ HACEMOS AHORA?... SI SEGUIMOS ADELANTE SEREMOS CAPTURADOS FÁCILMENTE POR LAS PATRULLAS DEL BEY.

Y SI VOLVEMOS ATRÁS, COMO YA SE HABRÁ DESCUBIERTO NUESTRA FUGA, LO MÁS PROBABLE ES QUE NOS MATEN.

LAMENTO HABEROS TRAÍDO A ESTA SITUACIÓN...

NO OS HAGÁIS REPROCHES, DON MIGUEL. NO SOIS CULPABLE DE LA TRAICIÓN DEL MORO.

—¿Qué podemos hacer? —preguntó uno de los evadidos.
—¡Seguir adelante! —aventuró Miguel.
—Sin conocer el camino?
—Peor sería volver atrás —repuso Cervantes con pesadumbre, reprochándose a sí mismo la ligereza de haber conducido a sus camaradas a tan apurada situación.
—Nada más cierto —dijo Hernando de la Vega—. La fuga ya habrá sido descubierta y no escaparíamos al castigo.
—¡Un castigo terrible!
—¡Nos cortarían las orejas!
—¡Tal vez nos empalarían vivos!
—¡Quite allá, señor de Valcázar! —exclamó el sargento Navarrete—. Tenga por seguro vuesa merced que no habrían de conformarse con tales caricias. ¿Acaso nuestra osadía no merece nuevos tormentos?
—Cesad en vuestras bromas, sargento Navarrete —intervino Rodrigo—, que como suele decirse, no está el horno para bollos.
—¡Ea, señores! —determinó Cervantes—. Entre caer en poder de los soldados del bey y la libertad, aunque llegar a ella nos cueste dificultades sin cuento, la elección no ofrece dudas. ¡Sigamos adelante!
—Tenéis razón —dijo Hernando de la Vega—, aunque no la tuvisteis al confiar en ese moro traidor, señor Cervantes.
—Lo sé —admitió Miguel—, y por ello pido perdón a vuesas mercedes.
—¡Bah! —dijo el sargento Navarrete—. Vos no tenéis la culpa de que ese moro haya resultado un bribón. Vuestra intención fue buena.
—Decís de seguir adelante, señor Cervantes —intervino Hernando de la Vega—, pero se me alcanza que sería una decisión peligrosa. Desconocemos el camino, y tal vez vayamos hacia una muerte segura en esas montañas habitadas por tribus salvajes, más crueles todavía que los soldados del bey.
—¿Qué proponéis entonces?
—Volver a Argel.
—¿Otra vez al cautiverio?
—¡Nunca! —exclamó el sargento Navarrete.
Pero Miguel de Cervantes, después de reflexionar unos cortos instantes, fue de la misma opinión.
—No se hable más, señor de la Vega —dijo—. Regresando nos exponemos a un feroz castigo, pero cabe en lo posible que consigamos salvar la vida. Somos cautivos de rescate y la codicia de Dali Mami nos preservará de un fin irremediable.
—Entonces...

—NO BUSCABA DISCULPAS PARA MÍ... SIN EMBARGO AHORA HEMOS DE BUSCAR UNA SOLUCIÓN. CONTINUANDO LA MARCHA VAMOS A UNA MUERTE CIERTA... REGRESANDO NOS EXPONEMOS A UN CASTIGO FEROZ, PERO ES POSIBLE QUE AÚN SALVEMOS LA VIDA, PUES NOS GUARDAN VIVOS PARA CONSEGUIR UN RESCATE.

—POR LO TANTO YO SOY PARTIDARIO DEL REGRESO Y PROMETO HACERME ÚNICO RESPONSABLE DE LO OCURRIDO. ¡VAMOS!

—SALIMOS A PASEAR Y, DISTRAÍDOS, NOS FUIMOS ALEJANDO. CUANDO NOS DIMOS CUENTA Y QUISIMOS VOLVER NOS HABÍAMOS PERDIDO. Y ESTUVIMOS DANDO VUELTAS HASTA QUE ENCONTRAMOS UNA PATRULLA Y PEDIMOS QUE NOS TRAJERAN AQUÍ.

EL PRIMER PROYECTO DE FUGA HABÍA FRACASADO, PERO, AFORTUNADAMENTE PARA LOS ESPAÑOLES, EL BEY DE ARGEL ESTABA DISPONIÉNDOLO TODO PARA ENTREGAR EL PODER A SU SUCESOR EL TRISTEMENTE CÉLEBRE ASSAN BAJÁ, Y NO TOMÓ GRANDES REPRESALIAS CONTRA ELLOS ACEPTANDO POR BUENA LA EXPLICACIÓN DE CERVANTES.

—¿LES DESCUBRISTE TÚ, AHMED, O SE PRESENTARON ELLOS?

—LA VERDAD... DE NO HABER SALIDO AL CAMINO NO LES HABRÍAMOS DESCUBIERTO.

—¡Regresemos, amigos!

Después de pasar la noche en el mismo lugar donde habían esperado en vano el regreso de su guía, los fugitivos emprendieron el camino de regreso, decaído el ánimo y el corazón oprimido por la angustia y la desesperanza.

Mientras avanzaban a través de los peñascales y los campos incultos, heridos los fatigados pies por los espinos y las piedras afiladas como puñales, Miguel procuraba animarles:

—No teman vuesas mercedes, que yo me haré responsable de todo.

—Eso no, señor Cervantes —le contradijo el sargento Navarrete—. Todos entramos en la conjura, y justo es que aceptemos todos la responsabilidad y el castigo.

Al caer el día, hambrientos y extenuados por la larga marcha, llegaron a las puertas de Argel. Ante ellos, nuevamente, se abrieron las terribles mazmorras de las que con tanto trabajo y fatiga habían escapado.

4

Los evadidos, sumergidos otra vez en el terror del «baño» y de la ergástula, aceptan resignados su destino.

La ergástula está formada por dos pisos de lóbregas galerías que se abren sobre uno de los patios del palacio de Dali Mami.

Sobre las tapias asoman las altas y gráciles palmeras, destacando contra el fondo de las casas encaladas de la colina.

El rumor del mar llega hasta ellos, pero ya no es como un canto de libertad y esperanza, sino un sordo rumor cargado de amenazas.

Graznan los buitres entre las rocas altas de los acantilados, impacientes tal vez por saciarse en los cuerpos de los que van a ser ajusticiados.

Pero una inesperada circunstancia favorece a los cautivos. El bey de Argel ha sido depuesto y debe entregar el poder a su sucesor, Assan Bajá.

Los prisioneros, que esperaban la muerte como castigo a su fracasado intento de fuga, son enviados a trabajar en las fortificaciones del puerto. Es una tarea que el sol africano y la falta de alimento convierten en un suplicio insoportable, pero al fin se conserva la vida.

Miguel de Cervantes, libre de esa adversidad en gracia a su mano mutilada, vuelve a hilvanar en su mente, siempre activa, nuevos proyectos de evasión.

Cierto día, Miguel y sus compañeros fueron conducidos a la presencia del nuevo bey. Cervantes, tal como había prometido a sus camaradas, se hizo responsable de todo.

—Salimos a dar un paseo por los alrededores de la ciudad —le dijo al poderoso Assan Bajá— y nos fuimos alejando sin darnos cuenta. Cuando quisimos regresar, señor, advertimos que nos habíamos perdido.

—¡Hum! —exclamó el nuevo bey—. ¿Cómo es posible que unos cautivos pudieran abandonar sus mazmorras?

—Somos cautivos de rescate, señor, y vuestro antecesor nos empleaba como mandaderos.

—Entiendo que, en realidad, los presos intentaron escapar, mi dueño y señor —dijo el arráez que estaba junto al bey.

—No fue así —le contradijo Cervantes—, sino que nos perdimos y estuvimos dando vueltas hasta encontrar una patrulla.

Assan Bajá, mientras mordisqueaba una sabrosa fruta, se volvió hacia su arráez para preguntarle:

—¿Los descubriste tú, Ahmed, o se presentaron ellos?

—La verdad es, señor, que de no haber salido al camino no les habríamos descubierto.

—La historia que has urdido, cristiano está bien imaginada —dice el bey, observando con recelo mezclado de admiración a Cervantes—. Pero sólo es una historia.

Sin embargo, el castigo no iba a ser tan terrible como ellos imaginaban.

—Permaneceréis encerrados treinta días a pan y agua —sentenció.

—Gracias por tanta generosidad, señor —dijo Cervantes—. Pero insisto en que sólo yo soy el culpable.

—¡Fuera de mi presencia, cristianos! —exclamó el bey, haciendo una seña a su arráez. Pero antes de que los cautivos salieron de la estancia les detuvo un instante para decir a Miguel—: No vuelvas a intentarlo, cristiano, o habrás de lamentarlo.

Pero la amenaza no habría de conseguir que nuestro héroe desistiera de sus planes de fuga.

Antes de su primer intento, Miguel había escrito una carta a su familia, hablándoles de su situación. También había escrito a Mateo Vázquez, compañeros de sus años mozos en Sevilla y ahora secretario del rey Felipe.

Sin embargo, Mateo Vázquez, ocupado en otros negocios que juzga más importantes, nada hace para remediar la triste situación de su antiguo camarada.

El momento no es oportuno, ya que la Corte anda revuelta por el

—La historia que has urdido es buena... aunque extraña. Os castigaré a un mes de encierro a pan y agua, para que no volváis a distraeros...

—Gracias... por tanta generosidad.

Durante aquel periodo de castigo, Cervantes siguió combinando nuevos planes de fuga.

—¡Hemos de escapar antes de que llegue Assan Bajá! ¡La fama de su crueldad es tan grande que no dudo de que Argel se convertirá en un infierno!

Unas semanas más tarde...

—Señor Cervantes, acaban de notificarme que se ha pagado ya mi rescate y que pronto saldré de Argel. ¿Queréis algo para vuestra familia?

—Sí... os confiaré una carta.

—Decid a los míos que consigan dinero, pero no para rescatarme, pues me libraré yo mismo, sino para comprar ayudas que me permitan huir de Argel.

Gracias al rescate del alférez Castañeda, los familiares de Cervantes pudieron tener noticias de Miguel, al que habían dado por muerto. Con el fin de conseguir dinero, sus hermanas renunciaron a sus dotes y acudieron a todas sus amistades, pero entretanto...

OÍ DECIR QUE ESTÁN A PUNTO DE LLEGAR LOS PADRES MERCEDARIOS PARA RESCATAR CAUTIVOS. SI ALGUNO DE NOSOTROS ES DE LOS AFORTUNADOS, ÉL NOS AYUDARÁ A ESCAPAR DE ARGEL. MI PLAN NO PUEDE FALLAR.
ES PRECISO CONSEGUIR UNA BARCAZA Y UN PILOTO QUE LA LLEVE A LA COSTA DE BERBERÍA, A UN LUGAR QUE FIJAREMOS PREVIAMENTE, PARA ENCONTRARNOS ALLÍ CON NUESTROS AMIGOS EN UNA FECHA SEÑALADA.
MIGUEL Y SUS CAMARADAS VOLVIERON A ESCAPAR DE SU ENCIERRO YENDO A REFUGIARSE EN UNA GRUTA QUE HABÍA EN EL JARDÍN DE LA FINCA DE RECREO DEL ALCAIDE DE ARGEL.
UNO DE LOS COMPAÑEROS DE CERVANTES FUE RESCATADO EN AQUELLA OCASIÓN Y ÉL SE HIZO CARGO DE LA EJECUCIÓN DEL PLAN. Y ASÍ UNOS MESES MÁS TARDE...
AMIGOS, ACABO DE TENER NOTICIAS. HUIREMOS MAÑANA.
¡POR FIN LLEGÓ EL MOMENTO!
AÚN NO VIENEN.
DURANTE DOS NOCHES ESTUVIERON OTEANDO EL HORIZONTE EN ESPERA DE VER LA SEÑAL DE SUS AMIGOS...

misterioso asesinato de Escobedo y el archisecretario, como se le llama, está más preocupado en deshacerse de las intrigas y odios desatados contra él por sus enemigos, que en atender a preocupaciones ajenas, por muy apremiantes que fueran.

—La misiva me ha llegado con mucho retraso —se excusó a sí mismo—, y nada cabe ya hacer para socorrer a Miguel que, a buen seguro, habrá sido ejecutado por los turcos. Y tampoco es momento oportuno para pedir al rey que envíe una expedición armada para rescatar a los cristianos que gimen en las mazmorras argelinas.

Y así, la carta de Miguel, olvidada sobre un montón de papeles de la mesa de trabajo de Mateo Vázquez, no consigue respuesta.

No cabe esperar mejor suerte de la carta que ha enviado a su familia. No por falta de voluntad de sus atribulados padres y hermanas, sino por la carencia de recursos de unas pobres gentes que apenas pueden remediar sus propias necesidades.

Con todo, don Rodrigo de Cervantes no permaneció ocioso. Después de recurrir inútilmente a un buen número de señores de la Corte, determinó sin darse por vencido:

—Invocaré mi derecho a solicitar el rescate de los fondos reales.

—¡Oh! —exclamó su esposa.

—¿No te parece bien?

—Eso está reservado para personas más principales.

—¡Nuestro hijo combatió en Lepanto! —exclamó don Rodrigo.

—Muchos están en el mismo caso, esposo mío. Forzoso será recurrir a nuestros propios medios o a la caridad de los padres redentoristas.

Los parientes de Miguel y de su hermano Rodrigo, en aquel año de 1576, se encontraban tan escasos de medios, que en muy poco podían contribuir a reunir el dinero necesario para el rescate de los dos hermanos. Demandaron auxilio a otros familiares y vecinos, pidiendo de casa en casa los auxilios necesarios, pero muy poco consiguieron.

—¡Dios mío! —se lamentó doña Leonor—. ¿Nos veremos en la imposibilidad de socorrerles?

Como último recurso, la desconsolada madre pidió una entrevista al superior de la Orden Mercedaria, el padre Fray Jorge del Olivar.

—Poco podré hacer, buena mujer —le advirtió el superior de la Orden—, ya que el nuevo bey de Argel, el cruel Assan Bajá, ha doblado la cuantía del precio de los rescates.

—¡Oh! —sollozó doña Leonor.

—Pero confiad en Dios, señora, pues, con su ayuda, cualquier negocio puede llegar a buen fin.

—Tomad este dinero, fray Jorge —dijo la pobre madre—. Es la dote de mis hijas. Si no alcanza para libertar a los dos, haced que vuelva Miguel, enfermo y lisiado, que es quien más lo necesita.

—Se procurará favorecer a los dos, señora —la tranquilizó el buen religioso, conmovido por el dolor de la atribulada doña Leonor.

5

Miguel de Cervantes, a medida que pasaba el tiempo sin tener noticias de sus valedores, iba abandonando la idea que su libertad se lograra por medio del rescate.

—¡Hay que ensayar un nuevo intento de fuga! —se dijo.

Pero tal vez estuviera ya convencido de que le esperaba un nuevo fracaso. Las costas españolas, tan cercanas e inaccesibles a la vez, se le aparecían como una meta que jamás podría alcanzar.

Por aquel entonces no podía exclamar como el cautivo de su historia:

«—¡Gracias sean dadas a Dios, señores, que a tan buena parte nos ha conducido! Porque si yo no me engaño, la tierra que pisamos es la de Vélez Málaga; si ya los años de mi cautiverio no me han quitado de la memoria el acordarme que vos, señor, que me preguntáis quién somos, sois Pedro de Bustamante, tío mío.

»Apenas hubo dicho esto el cristiano cautivo, cuando el jinete se arrojó del caballo y vino a abrazar al mozo, diciéndole:

»—Sobrino de mi alma y de mi vida, ya te conozco y ya te he llorado por muerto yo, y mi hermana tu madre, y todos los tuyos, que aún viven, y Dios ha servido de darles vida para que gocen el placer de verte: ya sabíamos que estabas en Argel, y por las señales y muestras de tus vestidos, y la de todos desta compañía, comprendo que habéis tenido milagrosa libertad.»

Miguel de Cervantes ansiaba también esa libertad.

Por eso había entregado las cartas para su familia y para Mateo Vázquez, su amigo, al alférez Castañeda, cuyo rescate había llegado a manos del turco.

—Rogad a los míos —le había dicho Miguel—, que si no pueden conseguir la totalidad del rescate, me envíen dinero para comprar ayudas que me permitan escapar de Argel por mis propios medios.

Ya sabemos que las cartas llegaron puntualmente a su destino, y cómo resultó inútil la enviada a Mateo Vázquez. Sólo en los resultados de la que llegó a las afligidas y temblorosas manos de su familia cabía confiar; no por la influencia ni el caudal de sus recursos, sino por los buenos oficios de los padres redentoristas que, guiados por su abnegación, se habían embarcado ya para cumplir su noble tarea.

Pero el viaje era largo. Demasiado largo para la impaciente espera de los cautivos que lloran su desventura:

> *Cuando llegué vencido y vi la tierra*
> *tan nombrada en el mundo, que en su seno*
> *tantos piratas cubre, acoge y encierra,*
> *no pudo el llanto detener el freno*
> *que a mi despecho, sin saber lo que era,*
> *me vi el marchito rostro de agua lleno.*

Miguel de Cervantes, como ya sabemos, hacía algo más que lamentarse. En las mazmorras de la ergástula, en las dolientes marchas bajo el sol abrasador, al regresar de sus trabajos forzados en el muelle, una sola idea le da fuerza y alientos para seguir viviendo: la libertad.

De ella le hablan las olas que se estrellan mansamente contra la playa, el grito de las gaviotas y el infinito cielo, siempre azul, tan hermoso y lejano; se la recuerdan también los vergeles que florecen en el interior de los patios y las palmeras despeinadas por el viento de la tarde.

Sus amigos, que conocen sus pensamientos, callan y esperan.

En las murallas de Bad el Oued, mientras trabaja en su reparación, conoce a otros forzados.

Por casualidad, un día hace amistad con un esclavo del renegado griego Hassan, alcaide de Argel. Trabaja de jardinero en una finca de su amo, en las afueras de la ciudad y goza de ciertos privilegios. Sin embargo, pronto advierte Cervantes que, como él, está también ansioso por recobrar la libertad.

En esto, con gran alborozo por parte de los prisioneros cristianos, corrió la noticia de la llegada de Fray Jorge del Olivar y otros padres redentoristas.

—Si nuestra familia ha reunido el dinero del rescate —dice Rodrigo—, no tardaremos en vernos en España.

Pero, por desgracia, las pretensiones del bey aumentan y la suma que ofrecen los religiosos sólo alcanza para la libertad de uno de los dos hermanos.

—Ve tú, Miguel —le dice Rodrigo.

—No, hermano —replica Miguel—, puesto que ya he decidido que seas tú el que sea rescatado.

—¡No puedo consentirlo!

Pero fue el bey quien decidió, ya que el precio por la redención de Miguel fue tasado en una cuantía más alta.

Rodrigo queda, pues, en libertad y se despide de su hermano con un apretado abrazo.

—No habrás de tardar en verte libre tú también —le promete Rodrigo—. Una vez en España, habré de remover cielo y tierra para conseguir tu inmediata redención. Las cartas que me han proporcionado nuestros amigos, los dos caballeros sanjuanistas, para los virreyes de Valencia y de Mallorca me permitirán organizar una pronta ayuda.

—En eso confío —repuso Miguel—. Si ese bergantín llega a tiempo para recogernos, nuestra próxima evasión llegará a buen fin.

El padre Jorge de Olivar, en última instancia, se ofrece para quedar preso en lugar de Miguel.

—¡No! —rechaza el bey—. Ese Miguel de Cervantes es un rehén más valioso.

Parte la galera con los cautivos liberados y queda Miguel en su encierro en espera de tiempos mejores.

6

El plan de fuga ideado por Miguel sólo es conocido de unos pocos, ya que es imposible que todos participen en la tentativa.

Los conjurados, poco a poco, van abandonando las mazmorras para refugiarse en una cueva escondida entre la vegetación que rodea el mismo palacio del alcaide. Miguel, que conoce el lugar a través del esclavo renegado que trabaja allí como jardinero, lo escoge como punto de reunión de los evadidos.

Mientras los primeros fugitivos esperan en el interior del escondite, sus pensamientos vuelan hacia las tierras de España, hacia sus hogares donde sus familias sufren por ellos.

El Dorador, otro renegado obligado por las circunstancias, se encarga de suministrarles algunos víveres.

—¡Hum! —exclama alguien de los que van a participar en la fuga—. No me fío de un renegado.

—No es tal —le tranquiliza Miguel—. Pues ahora ha vuelto de su error y asegura ser otra vez católico romano. No mudó de condición, cuando se hizo musulmán, sino por librarse del tormento.

Así transcurrieron siete largos y angustioso meses, entre la zozobra y la esperanza.

Transcurridos varios días de septiembre, Miguel recibió aviso de que el bergantín que había de rescatarles se había hecho a la vela.

—¡Ha llegado el momento! —anunció a sus amigos, los otros conjurados que todavía permanecían a su lado—. Esta noche, si el Cielo lo permite, nos reuniremos con los demás en la gruta.

No encuentran en ello impedimento, ya que la noche es oscura y se presta a ser cómplice de su acción.

—¿Tendremos que esperar todavía mucho tiempo? —pregunta uno de los que llevan viviendo en la cueva largos días.

—No demasiado —promete Miguel.

Otra noche, la noche tan deseada, llega hasta ellos el manso rumor de unos remos.

—¡Son ellos! —exclama Miguel con júbilo—. ¡Nuestros libertadores!

Pero la espera se hace eterna.

—¿Por qué no reman con más brío?

—¿Qué les detiene?

—¿Nos habremos equivocado?

Todos se dirigen a Miguel, apremiantes y nerviosos, como si él tuviera una respuesta para tales preguntas.

No se atreven a gritar para llamar la atención de los remeros de la lancha, ya que el edificio del palacio del alcaide está muy cerca de la cueva.

Salió la luna, hasta entonces oculta por las nubes, y su frío beso puso sobre las tranquilas aguas un manto de luz.

—¡Ahí vienen! —gritó uno.

—Te equivocas —dijo otro—. Sólo es una roca que emerge del mar.

—¿Nos habrán engañado nuestros sentidos?

—Nuestra ansiedad tal vez —apuntó otro.

La luna volvió a ocultarse y callaron todos, como si todo su esfuerzo se concentrara en el intento de horadar las sombras con sus ojos.

—Aún no vienen —murmuró Miguel.

Pero se equivocaba: la lancha estaba allí, como una sombra más que se movía lentamente.

¡Demasiado lentamente!

—¡No llegarán nunca! —exclamó uno de los evadidos con angustia infinita, temeroso de que el audaz plan de fuga se viniera abajo en cualquier momento—. ¿Es que ese bote va tripulado por débiles mujeres y no por marineros avezados?

Miguel le hizo callar con un ademán imperioso. Ellos sí eran todos soldados veteranos, hombres capaces, y duchos en demostrar indiferencia ante el peligro. Ni siquiera su larga estancia en las mazmorras, sometidos a mil necesidades y privaciones, podía ser excusa para mostrarse con tan alterado ánimo.

—Hay que mostrar más entereza —dijo al fin.

Todos estuvieron de acuerdo, un poco avergonzados, especialmente el que con tanta impaciencia había recriminado la pretendida premiosidad de los que acudían en su socorro.

A poca distancia de ellos, en las torres y almenas encaladas del palacio del caíd, los centinelas montaban la guardia como halcones al acecho. En cualquier momento, si dirigían la mirada hacia el jardín cercano, podían descubrirles.

El palacio que fue del caíd, ocupado ahora por el alcaide de Argel. Se levantaba como una siniestra amenaza. En su interior, el alcaide, entregado a un pesado sueño, nada sospechaba de lo que estaba ocurriendo a poco trecho de las ventanas de su dormitorio.

Assan Bajá soñaba. La cena había sido copiosa y la pesada digestión le turbaba la mente con extrañas pesadillas.

Soñaba que nadaba en un estanque cuyo fondo estaba cubierto de monedas de oro; soñaba que aquel oro, producto de los rescates de centenares de cautivos, crecía y crecía hasta llenar el estanque. Ya no nadaba en agua, sino en un mar de monedas que brillaban a la luz de la luna.

—¡Me ahogo! ¡Me ahogo! —gritó el alcaide, despertando bruscamente.

La fresca caricia de la brisa marina que entraba por las celosías le despejó la frente sudorosa.

—¡Por Alá! —exclamó—. Mañana haré azotar al jefe de mis cocineros. Pretende halagar mi paladar con sus guisos, pero llena de angustia mis noches.

La brisa le tranquilizó, como hemos dicho, pero ya no volvió a dormirse.

En el exterior, los evadidos estaban viviendo una pesadilla todavía más inquietante. La impaciencia volvió a dominarles y varios desearon correr hacia la playa.

—¡Ténganse vuesas mercedes! —les detuvo Cervantes.

—En la playa saldremos de dudas —dijo uno.

—¡Sería una locura! —razonó Miguel—. Es preciso esperar hasta que estemos seguros de la presencia del bote que conduce a nuestros arriesgados libertadores.

—¿Y si nos esperan ya allí, señor Cervantes?

—No lo creo.

¡UN MOMENTO, MIGUEL! ¡ALLÍ SE VE UNA LUZ!
¡ES LA QUE ESPERÁBAMOS!
¡VAMOS, APRISA! ¡LLEGÓ EL MOMENTO DE RECOBRAR LA LIBERTAD!
PERO MIENTRAS MIGUEL DE CERVANTES Y SUS CAMARADAS CORRÍAN HACIA LA PLAYA...
...LOS DE LA FRAGATA ENVIARON DOS BARCAZAS A TIERRA PARA RECOGERLES.
¡ALARMA! ¡VIENEN CRISTIANOS!

¡BANG! ¡BAN
¡HEMOS SIDO DESCUBIERTOS!
¡MEDIA VUELTA! ¡HAY QUE REGRESAR A LA FRAGATA!
¡SE VAN!
HAN TENIDO MIEDO...
¡TODO ES INÚTIL! ¡NO CONSEGUIREMOS ESCAPAR DEL CAUTIVERIO!
NO HAY QUE PERDER LA ESPERANZA. NUESTROS AMIGOS VOLVERÁN PARA RESCATARNOS. REGRESEMOS A LA CUEVA Y AGUARDEMOS LA PRÓXIMA NOCHE.
PERO, MIENTRAS MIGUEL Y SUS CAMARADAS REGRESABAN A SU ESCONDRIJO...

—No obstante, me gustaría estar seguro. Si no nos ven aparecer, tal vez supongan que hemos fracasado en nuestro intento de abandonar las mazmorras y se vuelvan por donde han venido.

De pronto, una luz brilló en la lejanía, por el lado del mar.

—¡La señal! —exclamó Miguel—. ¡El barco está allí!

—¡Dios sea loado!

—¡Pronto estaremos a salvo!

—¡Se terminó tanta zozobra! Vuestro hermano, Cervantes, ha encontrado la ayuda necesaria, como lo demuestra la presencia de esa nave.

La nave estaba allí, en efecto, y era de suponer que había lanzado al agua uno o varios botes para rescatarles del poder de los turcos.

Sin embargo...

—¿Por qué no han llegado a la playa? ¿Qué les detiene?

—No es fácil pasar los rompientes —dijo Cervantes.

—Hace poco, todos pudimos escuchar con claridad el rumor de los remos goleando el agua.

—Es cierto, pero ahora, señor de Castellanos, sólo llega hasta nosotros el ruido de las olas batiendo contra los acantilados.

Miguel ya no pudo contener a sus compañeros. Un cierto número de ellos desesperadamente, sin precaución alguna, echaron a correr hacia la playa.

—¡Locos! ¡Locos! —murmuró Cervantes, viendo que no se contentaban con correr, sino que empezaban a gritar y a mover los brazos.

—¡Aquí estamos, amigos! —gritaban los fugitivos, pisando ya la fina arena.

Ya no era posible hacerles entrar en razón. Aunque, pensó Cervantes con cierta resignación, si había llegado el instante tan deseado, ¿por qué retrasarlo más?

Inesperadamente, otros gritos, estos de alarma, surgieron de las torres del palacio del alcaide.

—¡Una galera cristiana! ¡Una galera cristiana!

Un tropel de soldados armados corrió hacia la playa, mientras en la ciudad, un poco antes dormida y silenciosa, cundía también la alarma.

—¡Un desembarco! ¡Un desembarco! —gritaba la multitud que empezó a llenar las calles y las terrazas.

Los fugitivos que se habían acercado a la playa, después de unos instantes de confusión y desconcierto, volvieron a trepar por las rocas que les separaban del lugar donde había quedado Miguel de Cervantes con los otros.

—¿Qué ocurre? —se preguntaban mientras trepaban por la pendiente.

—¡Hemos sido descubiertos! —sentenció uno, desollándose las manos por tomar la delantera a sus compañeros.

Pero al llegar sin contratiempo junto a Cervantes, comprendieron que no habían sido ellos los causantes de la alarma. Lo que había puesto en pie a toda la guarnición argelina de la ciudad era la presencia de la nave cristiana.

Sobre los acantilados, los soldados del bey lanzaban gritos e improperios contra el barco, cuya silueta se balanceaba suavemente a la luz de la luna.

—¡Muerte a los cristianos!
—¡Todos habrán de sucumbir si se atreven a poner el pie en la playa!
—¡Alarma! ¡Alarma!

6

Los ocupantes de las dos barcazas que habían sido enviadas desde la fragata cristiana no tardaron en darse cuenta de lo que ocurría.

Los argelinos, usando arcabuces y espingardas, abrieron un fuego mortal sobre ellos.

—¡Alá es grande! —gritaban los soldados del bey.
—¡Muerte a los infieles!

Los hombres que remaban en los botes maniobraron para virar en redondo, asustados por el vocerío y el estruendo de los disparos.

Assan Bajá, el alcaide, fue inmediatamente informado de lo que ocurría.

—Si se atreven a desembarcar —dijo—, capturadles vivos. ¡Un cristiano vivo es más valioso que un cristiano muerto! ¡De los vivos se puede esperar un rescate y los muertos sólo aprovechan a los buitres!

Pero el desembarco no iba a realizarse, ya que las dos barcazas se alejaban rápidamente de la costa, impulsadas por los remeros.

—¡Hemos sido descubiertos!
—¡No cabe otra solución que regresar a la fragata!

La luna volvió a ocultarse, facilitando así su apresurada huida.

La amargura de los fugitivos, que tan cerca habían estado de la libertad, se deshizo en lamentos.

—¡Se van!
—¡Nos abandonan!
—¡Han tenido miedo!

—No podemos reprocharles su actitud —dijo Miguel—. Poner el pie en la playa hubiera representado para ellos una muerte segura.
—Una muerte, señor de Cervantes, que es cierta para nosotros.
—No hay que perder la esperanza.
—¡Bah! Es inútil que intentéis animarnos. Todo está perdido.
—No es ese mi parecer, señores. Nuestros amigos encontrarán otra ocasión para venir a rescatarnos.
—¡Vana ilusión!
—Regresemos a la cueva, amigos, y esperemos a la próxima noche. Puesto que nosotros no hemos sido descubiertos, no sería lícito malograr la amable consideración que el destino ha tenido en nuestro favor.
—¡Oh! ¿Es que no os desanimáis nunca, señor Cervantes?
—¡Nunca! —exclamó el obstinado Miguel.
Mientras la fragata cristiana se perdía en el horizonte, los evadidos regresaron en silencio a la cueva.
A pesar de las palabras de Miguel, todos estaban plenamente convencidos de que ya no era posible poner remedio a su triste situación.
—Los de la fragata no volverán —dijo el alférez don Diego de Castellanos—. No se arriesgarán a forzar el rescate ahora que saben que los argelinos están sobre aviso y prestos a rechazar cualquier intento. No se lo reprocho, pues nadie puede exigir lo imposible.
—Yo estoy en que han de venir de nuevo, señor de Castellanos.
Aunque todos pensaban lo contrario, no se tomaron la molestia de contestar. Era en vano la porfía con aquel eterno optimista, al que ninguna circunstancia adversa parecía doblegar. Pero era indudable que el alcaide, al comprobar su ausencia, daría la orden de registrar todos los alrededores. La gruta, por descontado, ya no sería un refugio seguro.
Además, la existencia de la cueva era conocida por alguien que, en cualquier instante, podía delatarles. El Dorador, el renegado, era capaz de cualquier traición.
Según temían, el traidor no tardó demasiado tiempo en consumar su alevosía. Al amanecer, lleno de pánico, se arrastró hasta la presencia del déspota Assan Bajá.
Con palabra entrecortada y las piernas temblorosas descubrió al caíd toda la conjura, ansioso por lograr con su delación el perdón del castigo que su propia culpa merecía.
—¿Qué quieres? —le preguntó Assan Bajá sin poder ocultar el desprecio que sentía.
—Denunciar la maquinación que han urdido contra ti un grupo de cristianos rebeldes, poderoso señor.
—¿Una maquinación? —se interesó el alcaide.

—Sí, grande entre los grandes y sabio entre los sabios. Algunos cautivos, abusando de tu benevolencia y noble corazón, han buscado la libertad.

—¡No es posible, miserable! —rugió Assan Bajá—. Nadie puede abandonar la ciudad sin mi permiso, y menos los cautivos cristianos que gimen en las mazmorras.

—Algunos de ellos, gracias a tu generosidad, nunca bastante alabada, permanecen fuera de ella durante el día.

—Pero sujetos a vigilancia.

—Sí, poderoso señor. Sin embargo...

—¿Acusas de negligencia a mis soldados?

—No, no, por supuesto —se apresuró a aclarar el delator—. Pero esos cautivos rebeldes son muy astutos; en especial su jefe, ese tal Miguel de Cervantes.

—¿Cervantes?

—Sí, noble señor.

—¡Por las barbas del Profeta! ¿Otra vez ese hombre?

—Es el promotor de la conjura, el que lo planeó todo.

—¿Y me avisas cuando su fuga se ha consumado y ya deben de estar lejos, miserable? ¡Eso te costará la cabeza, rata del desierto!

—¡No! ¡No! —suplicó el Dorador, arrojándose a los pies del caíd y besuqueando sus babuchas—. He sido débil, lo confieso, y no me atreví a resistirme cuando, por la fuerza, me obligaron a prestarles ayuda.

—¿Eso hiciste?

—¡Me obligaron! Soy un hombre débil y...

—¡Una vil carroña, eso eres!

—¡No! ¡No! —protestó el infeliz.

—¿Te atreves a contradecirme?

—¡Por supuesto que no, poderoso entre los poderosos! ¿Acaso estoy loco? ¡Soy una vil carroña! ¡Soy una vil carroña!

—¡Hum!

—¡Pero también soy tu humilde y fiel servidor, halcón del desierto!

—¡Mientes! —gritó Assan Bajá, apartando de un puntapié al asustado delator—. Sólo el miedo te ha impulsado a delatar a tus compatriotas. ¿Cómo pretendes que crea en tu fidelidad, perro?

—¡He venido a denunciar la fuga de Cervantes y sus amigos! —gimoteó el cuitado—. ¿No demuestra eso, con toda evidencia, que estoy a tu servicio, flor del oasis?

—¡Aparta, renegado!

—¡Oh! —gimió el traidor al recibir un nuevo golpe.

—Me has avisado de la fuga de esos cristianos, es cierto, pero cuando los evadidos ya están lejos.

—¡Te equivocas, noble señor!

—¿Qué dices, bergante? —rugió el caíd.

—¡Piedad! ¡Piedad! —se humilló el desventurado.

—¡Voy a llamar a la guardia para que te apalee, bribón!

—¡Espera, te lo ruego! Dije que estabas equivocado, generoso dispensador de bienes, pero no a causa de que Alá no haya derramado sobre ti con abundancia el preciso don de la más clara inteligencia. Es por mi culpa, sólo por mi culpa, que has sufrido ese pequeño error, defensor de los verdaderos creyentes.

—¿Qué quieres decir?

—Que debí advertirte mucho antes de que los fugitivos no están lejos, sino muy cerca de ti y al alcance de los hombres de tu guardia.

—¿Eh? —se encolerizó el caíd—. ¿Qué nueva treta es ésa?

—¡Juro que están aquí, noble Assan Bajá!

—¿Dónde?

—En una gruta secreta del jardín de tu propio palacio —repuso el renegado. Y añadió, viendo que Assan Bajá desarrugaba el ceño y templaba su enojo—: La fragata cristiana que se acercó la pasada noche no pretendía realizar un desembarco y asaltar la ciudad, sino rescatar a los fugitivos.

—¡Por todos los chacales del desierto! —se asombró Assan Bajá—. Ahora es cuando empiezas a decir algo que tiene sentido, Dorador.

—Eres muy generoso, señor...

—¡Pronto! —gritó el caíd sin hacerle caso—. ¡A mí la guardia!

El arráez acudió presto a la llamada de su señor, suponiendo que éste le iba a ordenar que encerrara al renegado en las mazmorras.

—Toma a tus hombres —dijo el caíd— y ve en busca de esos fugitivos. Este hombre te conducirá hasta ellos.

—¡No! —se atrevió a protestar el renegado, echándose de nuevo a los pies del caíd—. Si me ven entre los soldados, presto habrán de entender que he sido yo quien les ha traicionado.

—¡Basta!

—¡Ten compasión de mí, gloria de Argel!

—¡Deja de importunarme con tus lamentos, bribón, o haré que te azoten las espaldas! ¡Sal de mi presencia y acompaña a los soldados hasta esa gruta del jardín!

El Dorador, gimiendo y asustado, aunque a regañadientes, no tuvo más remedio que obedecer.

—Ve tú delante —ordenó el arráez.

...UN RENEGADO LES TRAICIONABA...
EL JEFE DE LA CONJURA ES UN HIDALGO LLAMADO MIGUEL DE CERVANTES. SE HAN ESCONDIDO EN UNA GRUTA QUE HAY EN EL JARDÍN DE LA FINCA DE RECREO DEL ALCAIDE.
¡TOMA A TUS MEJORES HOMBRES Y VE EN BUSCA DE ESOS FUGITIVOS! AL ESCAPAR A SUS AMOS, SUS VIDAS ME PERTENECEN SÓLO A MÍ. ESTE HOMBRE TE GUIARÁ.
¿QUÉ HAGO CON ELLOS? ¿LOS MATO AL ENCONTRARLOS?
NO... ESO ES LO QUE ELLOS PREFERIRÍAN... TRÁELOS VIVOS.
POCO DESPUÉS, GRACIAS A LA TRAICIÓN DE AQUEL RENEGADO...
¡AHÍ LOS TIENES! ¡COMPLETAMENTE INDEFENSOS A TU MERCED!
EL BEY TE RECOMPENSARÁ POR TU SERVICIO.

Salieron los guardias del palacio por una de las puertas que comunicaban con el parque y, guiados por el renegado, se dirigieron hacia la gruta que servía de refugio a Miguel de Cervantes y sus amigos.

—¿Vais a matarlos? —preguntó el Dorador al jefe de la patrulla.

—¿Te preocupa la suerte de tus amigos? —preguntó a su vez el arráez con cierto tono de burla.

—No es eso, pero...

—No temas: nuestro dueño y señor me ha indicado que, si no hacen resistencia, debo conducirlos con vida hasta él. Especialmente, a ese Miguel de Cervantes, jefe de la conjura.

Los guardianes, pese a caminar por entre la vegetación del jardn con las precauciones debidas, no dejaron de hacer algun ruido. Los fugitivos, hombres valientes, acostumbrados a soportar los riesgos y penalidades de los combates, no pudieron evitar un estremecimiento; la inquietante espera, la incertidumbre y el desánimo habían mermado en gran parte sus facultades.

—¡Les guía ese renegado! —advirtió uno de ellos.

—¡Ahí están! —indicó el Dorador cuando los soldados se detuvieron frente a la entrada de la gruta—. Están a vuestra merced, completamente indefensos.

—¡Vete! —le ordenó el arráez—. Tú ya has hecho tu trabajo.

El traidor se alejó presuroso y los guardianes entraron en la cueva con las cimitarras en la mano.

Dejemos que el mismo Miguel de Cervantes, en su memorial de servicios, nos haga un relato de lo ocurrido:

«Llegados los turcos y los moros a la cueva —escribe— y entrando por fuerza en ella, viendo Miguel de Cervantes que eran descubiertos, dijo a sus compañeros que todos le echasen a él la culpa, prometiéndoles de condenarse él solo, con deseo que tenía de salvarlos a todos; y así, en tanto que los moros los maniataban, Miguel de Cervantes dijo en voz alta, que turcos y moros le oyeron: «Ninguno de estos cristianos que aquí están tienen culpa de este negocio, porque yo solo he sido el autor de él y el que les ha inducido a que huyesen.» En lo cual, manifiestamente se puso en peligro de muerte, porque el bey Assan era tan cruel, que sólo por huirse un cristiano o porque alguno le encubriese o favoreciese en la huida, mandaba ahorcar a un hombre, y por lo mismo cortarle las orejas o las narices. Y así, los dichos turcos, avisando con un hombre a caballo de todo lo que pasaba al bey, y de lo que Miguel de Cervantes decía, que era el autor de aquella emboscada y huida, mandó el bey que a él solo llevaran, como llevaron maniatado y a pie, haciéndole por el camino los moros y los turcos muchas injurias y afrentas.»

(1) Mazmorras situadas en aposentos cerrados, cuevas o pozos, donde se encerraba a los rebeldes.

El regreso a las mazmorras fue más penoso y amargo que la vez anterior, cuando el fracaso de su primer intento de fuga. Los guardianes descargaron sobre ellos su rabia y su furor prodigando toda clase de golpes e improperios.

—¡Dejad de ensañaros con mis compañeros! —gritó Miguel—. Como ya os he dicho, yo soy el único culpable.

—¡Silencio! —gritó a su vez el jefe de la guardia—. Les tratamos como merecen.

—No es justo —dijo Cervantes—, pues yo les he comprometido en su desgracia. Sólo yo merezco el castigo que a todos dispensáis.

—De tu castigo, perro infiel, se encargará personalmente el caíd.

Llegados que fueron al patio de armas del palacio, ordenó al arráez a sus hombres:

—Cargad de cadenas a esos y conducidles a las mazmorras.

Y mirando después a Miguel de Cervantes, añadió:

—En cuanto a éste, yo mismo le llevaré a presencia de Assan Bajá, nuestro poderoso señor.

Poco después, Miguel, con las manos atadas por gruesas cadenas, se halló frente al caíd.

—¡Acércate, perro! —le ordenó éste—. ¡Humilla tu cabeza ante tu señor y dueño!

—¡Nunca! —exclamó Cervantes.

El rostro de Assan Bajá se contrajo de ira, pero, haciendo un gran esfuerzo, consiguió dominarse.

—¿Por qué asumes tú solo la responsabilidad de la fuga?

—Porque no hay otro culpable.

—Eso te hace merecedor de un cruel castigo, cristiano.

—Luchar por la libertad no es acción que merezca ser castigada, Assan Bajá —repuso Miguel.

—Entonces, ¿solicitas mi piedad?

—¡Jamás!

—Buscas que crezca mi enojo para que así te mate, ¿no es cierto? Deseas la muerte para escapar a un tormento mil veces peor, pero no te daré esa satisfacción, perro.

—Un cristiano no busca la muerte, sólo la espera.

—La esperarás mucho tiempo, te lo aseguro, pues llegará a ti tan lentamente, que aspirarás a ella como un supremo bien. Sin embargo, podrás conservar la vida si reniegas de tu religión.

—¿Me tomas por un cobarde?

—El tormento ablanda a los más valientes; la resistencia humana tiene un límite.

—¡Nunca renegaré de mi fe!
—¡No estés tan seguro! Cuando te entregue a mis hombres, perro, no tardarás en suplicarme que te perdone.
—¡Inténtalo! Pero de antemano te advierto que será todo inútil.
—¡Te arrastrarás ante mí como un gusano! —exclamó el cad, apretando con rabia los puños.
—Ahorra palabras, Assan Bajá. Jamás renegaré de mi religión entre otras razones, porque yo no soy un miserable como tú.
—¿Miserable yo? —bramó el alcaide.
—¡Y también un cobarde!
—¡Mientes! Sabes muy bien que todos los cristianos se ponen a temblar apenas escuchan mi nombre.
—¡Sí! ¡Cobarde y cien veces cobarde! No puede ser otra cosa quien, impunemente, insulta a otro hombre que no puede defenderse.
—¡Basta! —bramó Assan Bajá—. Haré que te arrepientas de haber nacido, insolente. Vas a pagar muy caro tu atrevimiento.
Miguel fue a lanzarse sobre el caíd, dispuesto a todo, pero dos de los guardianes le detuvieron.
—Agradece a tus esbirros el que te hayan librado de mi furia, Assan Bajá. De lo contrario, hubiera terminado contigo con mis propias manos.
—¡Lleváoslo de aquí! —gritó el cad—. Encerradlo en el pozo más profundo del «baño» y dadle sólo la comida necesaria para que permanezca vivo para el momento en que decida su castigo.
Miguel de Cervantes fue encerrado en el lugar indicado por el caíd, un tenebroso pozo que sólo disponía de un respiradero enrejado por el que le bajaba, no con demasiada frecuencia, un poco de agua y comida, si es que comida puede llamarse a unos mendrugos de pan duro.
En la casi completa oscuridad de su encierro, Cervantes tuvo ocasión de evocar una y otra vez, una por una y en toda su intensidad, las amargas etapas de su largo cautiverio entre los turcos.
—Pero escaparé de aquí —murmuraba, desfallecido su cuerpo por la miseria y el hambre, pero no su inquebrantable espíritu.

7

Mientras permaneciera en Argel podría abrigar todavía alguna esperanza de liberación. Su mayor desventura, con ser tanta la que ahora sufría, sería que Assan Bajá, después de darle tormento, le trasladara a

POCO DESPUÉS, MIGUEL DE CERVANTES SE HALLABA EN PRESENCIA DEL CRUEL ASSÁN.
SI RENIEGAS DE TU RELIGIÓN TE PERDONARÉ LA VIDA, PERO SI NO LO HACES, MORIRÁS ENTRE LOS PEORES TORMENTOS.
AHORRA PALABRAS. NO RENEGARÉ DE CRISTO PORQUE ES EL HIJO DE DIOS Y PORQUE NO SOY UN COBARDE... ¡COMO TÚ!
¿COBARDE YO?... ¿Y TODOS LOS CRISTIANOS TIEMBLAN CON SÓLO OIR MI NOMBRE?
¡SI! ¡CIEN VECES COBARDE! NO PUEDE SER OTRA COSA QUIEN INSULTA A UN PRISIONERO QUE NO PUEDE DEFENDERSE.
¡HARÉ QUE TE ARREPIENTAS DE HABER NACIDO! ¡OSASTE INSULTARME PERO LO PAGARÁS MUY CARO!... ¡LLEVÁOSLO Y CARGADLE DE CADENAS!
HACES BIEN EN DECIR QUE ME SAQUEN DE AQUÍ, PORQUE SI TUVIESE UN ARMA SERÍA PARA MÍ UN PLACER PRIVAR AL MUNDO DE UN SER COMO TÚ.

MIGUEL DE CERVANTES FUE ARROJADO A UN POZO, QUE NO TENÍA MÁS RESPIRADERO QUE UN VENTANUCO POR EL QUE LE BAJABAN LA COMIDA.
PERO NI EN AQUEL TERRIBLE ENCIERRO SE ABATIÓ EL ESPÍRITU DE CERVANTES, QUE SIGUIÓ PENSANDO EN LA FUGA.
SI SALGO DE AQUÍ ESCRIBIRÉ UNAS CARTAS AL GOBERNADOR DE ORÁN... ÉL ESTUVO CAUTIVO EN ARGEL Y COMPRENDERÁ QUE CON SU AYUDA SEA CAPAZ DE AMOTINARME CON TODOS LOS PRISIONEROS ADUEÑÁNDONOS DE LA PLAZA.
PERO AQUEL PLAN FRACASÓ TAMBIÉN PUES SU MENSAJERO FUE CAPTURADO POR LOS SOLDADOS DEL BEY, QUE, AL DARLE TORMENTO, CONSIGUIERON QUE HABLASE...
EL JEFE DE LA CONSPIRACIÓN ES CERVANTES.
¡OTRA VEZ ÉL!
¡TRAED A MI PRESENCIA A ESE CERVANTES! ¡ESTA VEZ MI PACIENCIA HA LLEGADO A SU LÍMITE!
POCO DESPUÉS...
SÉ QUE TIENES MÁS CÓMPLICES. DIME QUIÉNES SON Y SALVARÁS LA VIDA.
ME OFRECES MUY POCO A CAMBIO DE LA HONRA. ¡NO SOY UN DELATOR!

Constantinopla para formar en el número de cautivos cristianos que se ofrecían como regalo al Gran Turco.

En las páginas del «Quijote», Cervantes indica que ésa fue la suerte del cautivo, que relata así su historia:

«—Lleváronme a Constantinopla, donde el Gran Turco Selim hizo general de la mar a mi amo, porque había hecho su deber en la batalla, habiendo llevado por muestra de su valor el estandarte de la religión de Malta. Halléme el segundo año, que fue el de setenta y dos, en Navarino, bogando en la capitana de los tres fanales. Vi y noté la ocasión que allí se perdió por no coger en el puerto toda la armada turquesca; porque todos los leventes y genízaros que en ella venían tuvieron por cierto que les habían de embestir dentro del mismo puerto, y tenían a punto su ropa y pasamaques, que son sus zapatos para huirse luego por tierra, sin esperar ser combatidos: tanto era el miedo que habían cobrado a nuestra armada. Pero el cielo lo ordenó de otra manera, no por culpa y descuido del general que nos regía, sino por los pecados de la cristiandad, y porque quiere y permite Dios que tengamos siempre verdugos que nos castiguen...»

El cautivo de su historia fue liberado, pero a él no viene nadie a librarle de su encierro.

—No hay que esperar ayuda ajena —se dice a sí mismo.

No ignora que de allí, de aquel agujero maloliente y húmedo, sólo saldrá para ir al patíbulo, a una muerte lenta precedida de los mayores suplicios.

Todo eso lo sabía ya Cervantes cuando se hizo responsable de todo y tomó sobre sí las culpas de los demás.

Cierto día, el guardián que le facilita la comida a través de la reja del techo, le dice entre risas e insultos.

—El jardinero que traicionó a nuestro poderoso señor ha sido ahorcado en el árbol más alto del mismo jardín que estaba bajo su cuidado. Tu muerte será todavía peor, perro cristiano.

Pero, sin que nadie acierte a explicarse los motivos, la venganza del caid se hace esperar. Cruel y sanguinario como pocos, ve desarmada su furia ante aquel hombre mutilado, estremecido por la fiebre, que en lugar de doblegarse ante él pidiendo gracia, sostiene con altivez su mirada sin mostrar temor ni abatimiento.

En las cálidas noches de Argel el sueño es tardo en acudir a sus párpados. Cuando se duerme, no son los pesados guisos de su cocinero quienes le provocan extrañas pesadillas, sino el recuerdo de la entereza sin límites de aquel cristiano indómito.

También sueña Miguel en el interior del pozo, tiritando de hambre y de fiebre. En su mente, tal vez dormido, tal vez despierto, revive la escena de su entrevista con Assan Bajá.

—¡Nunca renegaré de mi fe! —grita Cervantes en su delirio.

Y la voz del caíd, siniestra y amenazadora, resuena en sus oídos:

—¡Haré que te arrepientas de haber nacido! ¡Osaste insultarme, perro cristiano, pero lo pagarás muy caro!

Pero el castigo no llega, sin que nadie comprenda la piedad del tirano. Le conserva en su encierro, cargado de cadenas, durante varios meses, pero no toma ninguna decisión sobre su suerte final.

NUEVOS INTENTOS

1

Cuando Miguel de Cervantes sale de su encierro y le permiten pasear por las galerías de la ergástula, la compañía de otros caballeros cautivos remedia su soledad y congoja, aunque no los achaques de su quebrantado cuerpo.

Es allí, sin duda, donde nacen en su mente algunas de las comedias de ambiente argelino que escribirá más tarde: «Los baños de Argel», «La Gran Sultana doña Catalina de Oviedo» y «Los tratos de Argel». Su gran creación, ese caballero andante, desfacedor de entuertos, ¿no habría corrido a rescatarle de haber tenido conocimiento de su estado?

Pero Miguel, como siempre, debe procurar por sí mismo la ansiada libertad. Su fértil imaginación, siempre incansable, urde y concibe nuevos planes de fuga.

«Si salgo de aquí —piensa— escribiré una carta al gobernador de Orán. Él estuvo cautivo en este mismo lugar y no vacilará en prestarme ayuda. Si la consigo, capaz me veo de amotinarme con todos los prisioneros y tomar la ciudad.

Pero otra vez, cuando el plan de fuga se realiza, termina en fracaso. El mensajero enviado a Orán con la carta para el gobernador es capturado y sometido a tormento.

—El jefe de la conspiración es Cervantes —confiesa el desventurado mensajero.

Assan Bajá, entre furioso y admirado, exclama:

—¡Otra vez él!

No es posible que el obstinado cautivo se libre esta vez del castigo, piensan todos. ¿Cómo imaginar que Assan Bajá vaya a perdonar otra vez al cristiano rebelde?

No hay ninguna duda de la culpabilidad de Cervantes pues, aparte la confesión del mensajero, su nombre figura al pie de la carta que ha dirigido a don Martín de Córdova, gobernador de Orán.

—¡Traedlo a mi presencia! —ordena el caíd—. ¡Mi paciencia ha llegado al límite!

Miguel, aherrojado y vacilante es conducido a presencia del tirano. Al verse frente a su terrible dueño, el cautivo olvida su dolor y debilidad y se yergue con altivez.

—Sé que tienes otros cómplices —le dice Assan Bajá—. Dime sus nombres y salvarás la vida.

—¡No soy un delator! —exclama Miguel.

—¿En tan poco estimas tu vida?

—¿De qué me servirá vivir si pierdo la honra?

—¿Hasta cuándo persistirás en tus intentos de fuga? ¿No ves que siempre fracasas y que muchos pagan con la vida a causa de tu obstinación?

—No cejaré hasta lograr la libertad.

—¡Eres un loco!

—¿Cómo puede ser locura el ansia de libertad?

—Acabarás por comprender que te estás esforzando en vano, pues te aseguro que no habrás de huir. Pronto he de regresar a Constantinopla, y tú serás uno de los cautivos que lleve conmigo. ¡De allí no podrás escapar, tenlo por seguro!

2

La entereza de Miguel de Cervantes sufrió gran quebranto cuando se encontró otra vez sumido en la soledad y miseria de su mazmorra.

—De Argel cabe la esperanza de escapar —se dijo—. Pero Assan Bajá lleva razón: si me trasladan a Constantinopla, sólo la muerte pondrá fin a mi cautiverio. Seré un esclavo todo lo que me reste de vida, Dios mío.

Mientras, desde España sólo llegan mensajes de consuelo, pero escasas seguridades de un pronto rescate. La familia de Cervantes vende toda su hacienda, si hacienda puede llamarse a sus escasos bienes, y recurre otra vez a parientes y conocidos para reunir el dinero con que libertar al prisionero. Pero, por desdicha, nada se remedia con tantos afanes y desvelos.

—Nadie quiere atender a razones —confiesa con amargura don Rodrigo de Cervantes, cada vez más encorvado por el peso de los años y

¿HASTA CUANDO PERSISTIRÁS EN TUS INTENTOS DE FUGA? ¿NO VES QUE SIEMPRE FRACASAS Y QUE MUCHOS PAGAN CON LA VIDA?
NO CEJARÉ HASTA QUE LOGRE LA LIBERTAD.
PUES YO TE ASEGURO QUE NO PODRÁS ESCAPAR. HE DE REGRESAR A CONSTANTINOPLA Y TU SERÁS UNO DE LOS CAUTIVOS QUE ME LLEVE. ¡Y DE ALLÍ YA NO PODRÁS HUIR JAMÁS!
AQUELLAS PALABRAS AMENAZADORAS DEL BEY HICIERON QUE EL ÁNIMO DE CERVANTES DISMINUYERA.
DE ARGEL AÚN TENGO ESPERANZAS DE HUIR, PERO ÉL TIENE RAZÓN. SI ME LLEVAN A CONSTANTINOPLA YA NO ESCAPARÉ JAMÁS. ¡SERÉ UN CAUTIVO Y UN ESCLAVO TODO LO QUE ME QUEDE DE VIDA!
MIENTRAS TANTO, EN ESPAÑA...
MUCHAS GRACIAS, SEÑOR DE FIGUEROA. ESTE DINERO CONTRIBUIRÁ A RESCATAR A MI HIJO.
CREEDME QUE SIENTO NO PODER DAROS MÁS.

las amarguras—. Los méritos de nuestro hijo no les parecen suficientes a esos señores de la Corte para que nadie se moleste en poner remedio a sus cuitas.

Doña Leonor tiene que agradecer al señor de Figueroa unos escasos auxilios.

—Siento no poder ofreceros más —le dice el noble caballero.

—Si todos se mostraran tan generosos como vuesa merced —responde la atribulada mujer—, pronto habríamos de conseguir que mi hijo regresara sano y salvo a España.

Don Rodrigo, por su parte, solicita certificaciones de las grandes acciones en las que ha intervenido Miguel, refrendadas por los varios cautivos que, con más suerte que él, llegan a la patria procedentes de Argel. Pero licenciados y escribanos no se dan excesiva prisa en cumplimentar sus papeles, tomando a impertinencia la justa prisa del viejo cirujano.

—Vuelva dentro de unos días vuesa merced —le dicen.

En Argel, Assan Bajá ha condenado a Miguel de Cervantes a dos mil azotes por un nuevo intento de fuga.

Pero algunos moros notables interceden por él.

—El castigo te privaría de un rehén por el que puedes cobrar un buen rescate —le dice uno.

—¡Hum! —confiesa Assan Bajá—. Ya empiezo a dudar de que ese hombre sea un personaje importante.

—Lo es, Assan Bajá.

—Entonces, ¿cómo no encuentra un fiador? ¿Cómo es posible que nadie se preocupe de él?

No obstante, el bey ordena que se suspenda la ejecución del castigo; por codicia, tal vez, o quizá por un profundo sentimiento de admiración por su prisionero.

Miguel de Cervantes puso en ejecución otros planes de fuga que, por un fatal designio del azar, fracasan siempre en el último momento.

—No debéis arriesgaros más, Miguel —le dice un compañero de cautiverio.

—Por la libertad —dice Cervantes— vale la pena de correr todos los riesgos.

—Dicen que Assan Bajá termina su mandato en Argel y que pronto se trasladará a Constantinopla.

—Por eso debo darme prisa en escapar, pues me ha dicho que piensa llevarme con él. Desde allí, muy pocos son los que han recibido el beneficio del rescate.

—Dicen que los padres trinitarios están al llegar —le informó su compañero—. Muchos de nosotros podemos ser liberados.

Miguel bajó la cabeza, como indicando que esa posibilidad no existía para él.

—Assan Bajá exigirá un precio muy alto por mi libertad —dijo.

Y añadió:

—El bey me compró a mi anterior propietario, Dali Mami, por quinientos escudos. Es indudable que querrá resarcirse de esa cantidad, pidiendo por lo menos el doble. Imaginar que mi familia pueda reunir tal cantidad es pensar en lo imposible.

—Los padres trinitarios han emprendido la expedición de rescate por orden del mismo rey Felipe, y a sus expensas.

—¡Pero en Argel hay más de veinticinco mil cautivos! Sólo unos pocos conseguirán ser liberados, amigo, y yo no estaré entre ellos.

—¡Tened confianza!

—La tengo —afirmó Miguel—, pero no en la ayuda que pueda venirme de fuera. Estoy barruntando un nuevo proyecto que...

—¿Otra de vuestras locas tentativas?

—¿Por qué no?

—¡Dios Santo! ¿Es que no habéis escarmentado todavía?

—¡No!

—Decís que no esperáis el rescate de mano ajena, y tenéis razón: no se puede rescatar a los muertos.

—¿Qué queréis decir?

—Que un nuevo intento de evasión, si fracasa, sería para vos el fin. El bey no os perdonaría.

—Correré el riesgo.

—¿Comprometiendo a otros?

—No —dijo Cervantes—, la próxima vez huiré solo.

—¡Estáis loco, no hay duda!

Miguel de Cervantes no responde y su compañero de encierro no insiste más. Nadie es capaz de convencer al eterno rebelde de la inutilidad de sus esfuerzos.

Sin embargo, el día esplendoroso de la libertad está más cerca de lo que él se imagina.

En España, su madre, doña Leonor, visita al padre Juan Gil, superior de la Orden de los Trinitarios, que está ultimando sus preparativos de marcha hacia Valencia, en cuyo puerto le espera, lista para zarpar, la nave que el rey Felipe ha puesto a su servicio.

—Tomad estos trescientos escudos, padre Gil —dice doña Leonor al religioso—. Es cuanto hemos podido reunir para el rescate de mi hijo.

—Dudo que sea bastante, señora, pero haré lo que pueda.

Un día de primavera el navío que conduce a los padres trinitarios abandona el puerto levantino para dirigirse a las costas argelinas.

El 29 de mayo, el padre Juan Gil y Fray Antonio de la Bella desembarcan en Argel, donde iniciaron las gestiones para rescatar a los primeros cristianos prisioneros. Estos son embarcados rumbo a la patria y el padre Gil se queda en la ciudad para proseguir su humanitaria labor.

Ya es hora de procurar la libertad de Miguel de Cervantes, que no dispone de otra recomendación que el dolor de una madre y unos pocos escudos.

El padre Gil encuentra a Miguel en un estado lamentable, tendido sobre la carcomida paja de una mazmorra, donde el aire y la luz están ausentes.

—Pronto estaréis libre, hijo mío —le anuncia el padre Gil—. Vuestra familia ha conseguido reunir trescientos escudos para el rescate.

—No creo que la codicia del bey se conforme con eso, padre —le dice con amargura Miguel.

—Dejadme intentarlo.

—¡Será inútil! Preferible es que devolváis ese dinero a los míos y os olvidéis de mí.

Pero el padre Juan Gil es de otro parecer. Consigue una audiencia de Assan Bajá y suplica al poderoso bey la libertad del cautivo.

—¿Trescientos escudos por ese cristiano? ¡No es suficiente! Pagué quinientos por él, y ahora quiero el doble.

—Es todo lo que ha podido reunir su familia.

—¡No me importunéis más! —exclamó el bey, impaciente por sacarse de encima al insistente anciano.

—Sed razonable, Assan Bajá —argumenta el religioso—. El señor Cervantes es un hidalgo pobre, sin recursos.

—Tenía en su poder varias cartas de recomendación de personajes importantes, ¿no?

—Sí, pero...

—¡Quiero el triple de lo que pagué por él!

—Esas cartas no significan nada, señor, pues era para solicitar un empleo como recompensa de sus servicios. Su familia ha tenido que mendigar para conseguir el precio del rescate. Conformaos con eso, os lo suplico.

—¡No es bastante! —se enfureció Assan Bajá, con terquedad dictada por su insaciable codicia.

—A estos trescientos escudos recogidos por la familia, la Orden añadirá otros doscientos.

—¡No me bastan! —insistió el bey.
—¿Qué beneficio conseguirás si le retienes en tus mazmorras? Es sólo un inválido estropeado por la fiebre y las calamidades.
—No insistas.
—Hasta ahora, con su rebeldía, sólo quebrantos y desazones te ha proporcionado.
—Eso se ha terminado, pues he doblado el número de sus cadenas.
—Un hombre de temple siempre puede encontrar los medios de sublevar a otros y de inducirles a la fuga.
—¡Pagará con la vida su intento!
—En tal caso —dijo el padre Gil—, perderás a tu prisionero y también el rescate que te ofrezco por él.
—¡Hum! —pareció meditar el bey, a quien las últimas palabras del trinitario han afectado en lo que más puede conmoverle: su codicia.
—Vuelvo a suplicarte que...
—¡Basta! —grita el tirano—. He de pensarlo. Vuelve mañana por la respuesta.

Pero las interminables negociaciones se prolongan por espacio de varios días. El padre Gil insiste, siempre con el temor que la inminente marcha de Assan Bajá hacia Constantinopla, llevándose al cautivo, ponga fin a sus esfuerzos.

El Gran Turco ha designado a Jefer-Bajá como bey de Argel, en sustitución de Assan Bajá, y su nave navega ya hacia la ciudad argelina.

Pero el día 19 de septiembre de 1580, cuando el bey depuesto se dispone a embarcar, recibe al padre Gil para decirle:

—¡Sea! Entrégame el dinero y llévate a ese Miguel de Cervantes.

Poco después, según consta en el acta de liberación, el cautivo consigue al fin pisar la galera que ha de devolverle a la patria. «Es vecino de Madrid —se lee en el documento—, mediano de cuerpo, bien barbado, estropeado del brazo y mano izquierda, cautivo en la galera «Sol», yendo de Nápoles a España...»

—¡Estoy libre! —exclama Miguel, sin poder creer todavía que sea verdad tanta ventura.

Sí, después de cinco años de cautiverio, de calamidades sin fin, ha conseguido lo que tanto anhelaba.

Miguel de Cervantes había sido liberado en el último momento, cuando ya había sido trasladado a la galera que debía transportarle a Constantinopla.

—¡Soltad a ese hombre! —ordenó Assan Bajá al arráez—. Su rescate ha sido pagado.

—¿No estoy soñando, padre? —preguntó Cervantes.

TOMAD, FRAY GIL. ES CUANTO HEMOS PODIDO RECOGER PARA EL RESCATE DE MIGUEL.
DUDO QUE ASSÁN SE AVENGA A ACEPTAR SÓLO QUINIENTOS ESCUDOS, PERO HARÉ LO QUE PUEDA.
LOS TEMORES DE FRAY GIL ERAN JUSTIFICADOS...
NO ME IMPORTUNÉIS MÁS. NO ES SUFICIENTE DINERO PARA EL RESCATE DE ESE CERVANTES. ¡QUIERO EL TRIPLE!
SED RAZONABLE, ASSÁN BAJÁ. EL SEÑOR CERVANTES ES UN HIDALGO POBRE. SI LLEVABA UNA CARTA DEL PRÍNCIPE DON JUAN ERA PARA PEDIR UN EMPLEO... SU FAMILIA HA TENIDO QUE MENDIGAR PARA RECOGER ESOS QUINIENTOS ESCUDOS, DE LOS CUALES LA ORDEN PONE LA MITAD.
CONSIDERA TAMBIÉN QUE ES UN HOMBRE DE TEMPLE CAPAZ DE PROVOCAR UNA SUBLEVACIÓN DE LOS CAUTIVOS
SI LO INTENTA, PAGARÁ CON LA VIDA.

Y EN ESE CASO NO TENDRÉIS NI AL HOMBRE NI AL DINERO. PENSADLO BIEN.
PUEDE QUE EN EL FONDO TENGAS RAZÓN...
LAS RAZONES DE FRAY GIL CONVENCIERON AL FIN A ASSÁN BAJÁ, Y AMBOS FUERON A LA GALERA A QUE HABÍA SIDO ASIGNADO CERVANTES.
¡SOLTAD A ESE HOMBRE! HAN PAGADO SU RESCATE.
¿ES VERDAD QUE QUEDARÉ EN LIBERTAD?
SÍ, HIJO. DIOS HA ESCUCHADO TUS SÚPLICAS HACIENDO QUE EL BEY ACEPTASE EL PRECIO DEL RESCATE.

¡AH, LIBERTAD! ¡LLEGA AL FIN CUANDO YA HABÍA PERDIDO TODA ESPERANZA!
NUNCA ES TARDE CUANDO LA DICHA LLEGA. VAMOS HIJO... ANTES DE QUE EL BEY SE ARREPIENTA.
REUNÍOS CON LOS OTROS CAUTIVOS REDIMIDOS. NO TARDAREMOS EN ZARPAR RUMBO A ESPAÑA.
PERMITIDME ANTES QUE BESE VUESTRA MANO...
...JAMÁS OLVIDARÉ QUE OS DEBO MÁS QUE LA VIDA: ¡LA LIBERTAD!
ASÍ FUE COMO DESPUÉS DE CINCO AÑOS DE CAUTIVERIO EN EL "BAÑO" DE ARGEL, MIGUEL DE CERVANTES REGRESÓ AL FIN A LA PATRIA.

—No, hijo mío —repuso el padre Gil—. Ved como están soltando vuestras cadenas. Dios ha escuchado tus súplicas y las oraciones de tus parientes para que el bey aceptase el precio de tu rescate.

Antes de subir a bordo de la galera cristiana que había de conducirle a su tierra, Miguel pudo pasear libremente por las calles de Argel. Ya no había grilletes en sus pies ni amargura en su corazón. Los encantos de la ciudad argelina se ofrecían ahora con una luz nueva, con una belleza que le fue difícil apreciar cuando transitaba por ella cargado de cadenas, dobladas las espaldas por los insultos y los latigazos de sus guardianes.

No hay rencor en su noble corazón.

Se despide de las casas encaladas, de los rincones silenciosos, de los bazares repletos de exóticas mercancías, de aquel cielo azul, del ardiente sol, de las lejanas montañas que un día pretendió cruzar durante su primera fuga.

El rumor del viento al agitar las palmeras lleva a sus oídos un canto de despedida:

>*«Mi corazón te aguarda, ¡oh viajero!*
>*¿Hacia qué tierras desconocidas has partido,*
>*en qué pueblo, en qué morada habitas?*
>*¿En qué manantial bebes? ¡Oh viajero!*
>*Yo que te lloro, me alimento con las rosas de mi recuerdo,*
>*y apago mi sed en la abundante fuente de mis ojos.»*

REGRESO A LA PATRIA

1

El nuevo bey, JeferBajá, ha tomado ya posesión de su cargo, ocupando, con sus mujeres, servidores y séquito el palacio que fue de su antecesor, AssanBajá.

El cambio nada supone para los cautivos que permanecen en las prisiones. Todo seguirá igual.

Miguel de Cervantes, en el momento de recobrar su libertad, tiene solamente treinta y tres años. Pero ya hay hebras de plata en sus aladares y en la barba que cubre sus mejillas. No se siente viejo, pero sí cansado y presa de una vaga melancolía, de una tristeza indefinible, que él mismo no acierta a explicarse.

Todavía no se aprecian en su rostro los rasgos que la herida del tiempo y de nuevos pesares y sinsabores habrán de grabar en él, pero ya no es el joven soldado que se incorporó a los Tercios de Italia y que luchó con tanta bravura en la batalla de Lepanto.

Todavía no podría describirse a sí mismo como lo hará después en el prólogo al lector de sus «Novelas Ejemplares»:

«... éste que veis aquí, de rostro aguileño, de cabello castaño, frente lisa y desembarazada, de alegres ojos y de nariz corva, aunque bien proporcionada; las barbas de plata, que no ha veinte años que fueron de oro; los bigotes grandes, la boca pequeña, los dientes ni menudos ni crecidos, porque no tiene sino seis, y ésos mal acondicionados y peor puestos, porque no tienen correspondencia los unos con los otros; el cuerpo entre dos extremos, ni grande ni pequeño; la color viva, antes blanca que morena; algo cargado de espaldas y no muy ligero de pies. Este digo que es el rostro del autor de «La Galatea» y de «Don Quijote de la Mancha» y del que hizo el «Viaje del Parnaso», a imitación del de César Caporal Perusino, y otras obras que andan por ahí descarriadas y quizá sin el nombre de su dueño; llámase comúnmente Miguel de Cervantes Saavedra. Fue soldado muchos años, y cinco y medio cautivo, donde aprendió a tener paciencia en las adversidades. Perdió en la batalla naval de Lepanto la mano izquierda, de un arcabuzazo; herida que, aunque parece fea, él la tiene por hermosa, por haberla cobrado en la más memorable y alta ocasión que vieron los pasados siglos y esperan ver los venideros, militando debajo de las victoriosas banderas del hijo del rayo de la guerra, Carlos V, de felice memoria...»

Ahora, a bordo de la nave que le conduce a España en unión de otros cautivos liberados, cree aún que los méritos contraídos como soldado le hacen merecedor de un empleo o destino que remedie su necesidad.

Ya no sueña en ser capitán de los ejércitos del rey ni, mucho menos, en llegar a general: sólo aspira a un discreto acomodo, a una humilde privanza.

Pero ni eso habrá de conseguir.

De nada le valdrán sus credenciales, de nada la gloriosa herida ni la limpia ejecutoria, avalada por el padre Gil y sus compañeros de su recto y abnegado proceder en Argel.

Porque allí, en Argel, fue calumniado por Blanco de Paz, que se afanó en remover enemistades para perderlo, denunciándolo por envidia al comisario de la Inquisición.

Declaran en su favor el padre Gil y don Antonio de Sosa, amén de todos los compañeros de prisión. Su hombría, valor y generosidad quedan de manifiesto, rematando el padre Gil su información con estas palabras:

«—He tratado y conversado y comunicado particular y familiarmente al dicho Miguel de Cervantes, en cuyo favor se hizo esta información, y le conozco por muy honrado, que ha servido muchos años a su Majestad, y particularmente en este cautiverio, ha hecho cosas por donde merece que S.M. le haga mucha merced, como más largamente consta por los testigos arriba escritos. Y si tal en sus obras y costumbres no fuera, ni fuera por tal tenido y reputado por todos, yo no le admitiese en mi conversación y familiaridad...»

Sólo la envidia pudo impulsar las acusaciones de Blanco Paz contra el hombre del que ninguna afrenta había recibido. Tal vez era de esos seres que lo perdonan todo, menos el valor y la inteligencia y bondad en los otros.

2

El goce de la libertad fue devolviendo al cautivo liberado algunas de sus esperanzas.

—¡Libertad! ¡Libertad! —había exclamado en el momento en que le fueron quitados los grilletes y se apresuró a besar las manos del padre Gil.

—Levantaos, por caridad —le dijo el religioso, conmovido por aquella sincera muestra de agradecimiento.

—¡Sólo a vos soy deudor de dicha tan inmensa, padre!

—A Dios hay que agradecer la buena resolución de este negocio, hijo mío, que no a mi modesta persona.

La exaltación de aquellos primeros momentos había pasado, dando lugar a una serena alegría, no exenta de cierta inquietud por el porvenir.

En la pequeña nave que le lleva a la patria han embarcado con él, entre otros, Rodrigo de Chaves y Diego de Benavides, dos caballeros con los que había entablado una gran amistad en los días de cautiverio.

—¡Pronto estaremos en España! —exclamó Rodrigo de Chaves.

—Sí —repuso Cervantes, como estremecido por un presentimiento—, pero, ¿quién sabe lo que allí nos espera?

—¿Cómo es eso, señor Cervantes? ¿No os alegra volver?

—Ninguna emoción puede ser tan maravillosa como la del regreso a la patria, mi buen amigo. Pero ha transcurrido tanto tiempo...

—Vuestra familia os espera.

—Sí —afirmó Miguel—, y ardo en deseos de abrazarla.

—Entonces, ¿qué os inquieta?

—Ya no soy el joven inquieto y soñador que partió de España en busca de gloria y de fortuna; vuelvo enfermo y mutilado.

—Nadie os habrá de regatear la ayuda a la que sois acreedor por vuestros méritos, señor Cervantes.

—¿Quien hizo oídos sordos a mis lamentos de cautivo, por qué habrá de escuchar las quejas de un pobre mutilado? Mi gran valedor, el glorioso príncipe don Juan de Austria, ha muerto en las tierras de Flandes...

—¡Bah! —exclamó Diego de Benavides—. Alguna vez os he oído decir que Mateo Vázquez, el secretario de nuestro soberano, fue vuestro amigo en los años mozos.

—Lo fue, en efecto.

—Ese Vázquez es ahora un personaje importante.

—No quiero pedir favores a quien me negó consuelo y ayuda cuando estaba en poder de los turcos. Mi amistad con él es cosa del pasado.

—Sois hombre de talento, Miguel —le consoló uno de sus compañeros—. Os queda vuestra afición por las letras.
—Ya casi está olvidada.
—Pero si la milicia os niega esa gloria que buscáis...
Miguel de Cervantes sonrió con tristeza:
—Nunca oí decir que las letras fueran remedio de penuria.
—Dicen los moros que hay una estrella que brilla en el cielo como símbolo del destino de cada ser humano. Tal vez la vuestra empieza a lucir ahora, Miguel.
—Tal vez...

Pero Miguel de Cervantes presiente que la luz de esa lejana estrella jamás besará su rostro. Lucirán más los candiles de la envidia, de la destemplanza y la mediocridad que el astro que le anima, no en el confín apartado del firmamento, sino en su propio corazón.

—Tal vez —repite—, tal vez...

Después de una placentera travesía, el barco que conduce a los cautivos redimidos llega a Dunia a finales de octubre. Miguel de Cervantes y los otros caballeros se trasladaron inmediatamente a Valencia, donde habían de entrar en procesión, entre repicar de campanas y gritos de alegría.

—¡Bienvenidos sean los cautivos que han sido rescatados del turco bárbaro y opresor! —grita la gente.

Terminada la solemne ceremonia de acción de gracias en la catedral, cada uno de los antiguos cautivos fue libre para tomar el camino que más le acomodara.

Miguel, aliviado con una corta cantidad de dinero que le entregaron los frailes de la Orden, se puso en marcha hacia Madrid, donde le esperaba su familia.

No le fue tarea fácil cubrir las etapas del largo camino, pues los recursos que llevaba eran pocos.

—El hambre —se dijo— será mi única compañía.

Pero ya no podía temerla. ¿Cómo temerla si había sido su fiel compañera durante los largos años de cautiverio?

Durante su estancia en Valencia se informó con avidez de lo que ocurría por aquel entonces en Castilla.

La Corte está en Badajoz, donde el rey Felipe II, con un ejército mandado por el duque de Alba, combate al sucesor del rey don Sebastián. El rey de España, que nunca ha renunciado a sus derechos sobre la corona portuguesa, confía en que, esta vez, nada se opondrá a sus pretensiones.

En Madrid, Miguel abraza a su familia. Pasa unos días junto a sus padres y hermanas, felices de tenerle otra vez consigo, pero no puede dominar una inquietud que se hace cada vez más apremiante.

—He pensado en trasladarme a Badajoz, donde está la Corte —dice cierta mañana—. Los amigos que pueden ayudarme están junto al rey.

—No te hagas demasiadas ilusiones —le recomienda su madre—. Si estás pensando en Mateo Vázquez, es mejor que lo olvides.

—¿Acaso no fue mi amigo en Sevilla?

—Entonces, Miguel, era un arrapiezo como tú, no un gran personaje con más influencia todavía que don Antonio Pérez.

—Por eso es preciso que le vea.

—Poco nos ayudó a tu padre y a mí cuando tuvimos que mendigar los dineros de tu rescate. Ni siquiera nos recibió.

—Conmigo no se atreverá a proceder con tanta descortesía, estoy seguro.

—Mejor sería que pensaras en casarte, hijo mío.

—¡Bah! —se encogió de hombros Miguel.

—Una amiga mía está interesada por ti —intervino una de sus hermanas—. Está rabiando por conocerte.

—¿Cómo dices que está prendada de mí si no ha tenido ocasión de conocerme?

—Te ha visto.

—¡Oh!

—Es hidalga y tiene fortuna.

—¡Me ofendes, Andrea! ¿Estás proponiéndome un matrimonio de conveniencia?

—Mejor sería eso —intervino doña Leonor—, que esperar los favores de Mateo, que ya no es el mismo que correteaba contigo por las calles de Sevilla.

—No son favores lo que espero —repuso Miguel—, sino que se me haga justicia. Otros, con menos méritos, consiguieron lo que a mí, hasta el momento, se me ha negado.

—Tendrían buenos valedores, Miguel.

—La razón acaba por imponerse, madre.

—¡Oh! —exclamó doña Leonor—. Veo que la experiencia de los años no ha hecho mella en ti, hijo mío. Eres tan cándido y confiado como en tus años juveniles. Esa virtud, que sería mejor llamar defecto, heredado la habéis de vuestro padre.

—En Badajoz puedo resolver mi situación —insistió Miguel.

—¿Recurriendo a Mateíllo?

—Sí, madre.

—¡Oh!

—HABÍA SOÑADO VOLVER A ESPAÑA CUBIERTO DE GLORIA... Y REGRESO TAN POBRE COMO UN MENDIGO.

A primeros de noviembre de 1580 Miguel de Cervantes y los otros ex cautivos llegaron a Valencia, a cuya catedral fueron para dar gracias a Dios por su redención.

—ESTOS POBRES HERMANOS NUESTROS HAN SUFRIDO MUCHO DURANTE LA CAUTIVIDAD...

—MOSTRAD VUESTRA GENEROSIDAD AYUDÁNDOLES CON VUESTRAS LIMOSNAS PARA QUE PUEDAN LLEGAR DONDE LES ESPERAN SUS FAMILIAS.

Y así, gracias a la caridad pública, Cervantes se reunió con su familia.

—HE PENSADO IR A LA CORTE. ALLÍ TENGO AMIGOS QUE ME AYUDARÁN.

—NO TE HAGAS DEMASIADAS ILUSIONES. MEJOR SERÍA QUE TE CASARAS.

127

—Pero si él reniega de mí, otros habrán de valerme y ayudarme. Junto al rey está don Antonio de Toledo, cautivo como yo en Argel, y que salvó la vida gracias a mí. No cabe imaginar que un caballero de tan noble condición tenga tan flaca la memoria que pueda olvidar un favor de tal clase. Iré a Badajoz, tal como he decidido.

Pero doña Leonor insistió todavía:

—Mejor sería que abandonaras esa idea.

—¿Para casarme con esa amiga de mi hermana?

—¿Por qué no? Estoy por decir que se sentiría muy afortunada de unirse a ti en matrimonio, Miguel.

—Yo no la quiero —se defendió Miguel—. Ni siquiera la conozco.

—Eso tiene fácil remedio, hermano —dijo Andrea.

—¡No! ¡No! —protestó Miguel—. No hablemos más de casorios y dejad que siga mi destino. Si el defecto de mi mano me impide ser militar, bien puedo ocupar otro puesto. En la Corte puedo hallar lo que ambiciono, y torpe sería si por desidia y pereza no tendiera la mano hacia lo que puede estar a mi alcance.

3

Miguel de Cervantes llegó a Lisboa en los primeros meses del año 1581. En la villa de Thomar, el rey Felipe II ha convocado las cortes lusitanas para ceñir en sus sienes la corona de Portugal. El duque de Alba ha entrado en Lisboa con sus tercios y Sancho de Ávila en Oporto.

No es momento adecuado para que Miguel de Cervantes vaya a importunar a los grandes personajes en el tercio que rodean al rey con sus peticiones.

Solicita enrolarse en el tercio de don Lope de Figueroa, donde sirve su hermano Rodrigo, pero la herida de su mano izquierda hace inútil la petición. Lo que se concede fácilmente a otros veteranos de las campañas de Italia y de África a él se le niega.

Su amigo Rodrigo de Chaves, que le acompañó en su viaje a Portugal, intenta animarle.

—Merecéis algo más que servir en el ejército como simple soldado, Miguel.

—Eso decís porque sois mi amigo, señor de Chaves —respondió Miguel—. Pero ya veis que ni siquiera ese honor se me concede.

Don Antonio de Toledo, el que estuvo con él en Argel, le consigue un

ANDREA TIENE RAZÓN. PRECISAMENTE UNA AMIGA MÍA ESTÁ PRENDADA DE TÍ. ES HIDALGA Y TIENE FORTUNA...
¡ME OFENDES PROPONIÉNDOME UN MATRIMONIO DE CONVENIENCIA!
DESOYENDO LOS CONSEJOS DE SUS HERMANAS, CERVANTES FUE A LA CORTE QUE ESTABA EN BADAJOZ Y ALLÍ...
ATENDIENDO A VUESTROS MÉRITOS PUEDO CONFIAROS UNA MISIÓN, PERO ES SECRETA Y HAY QUE IR A ORÁN.
EL PELIGRO NO ME ASUSTA.
ENTONCES NO SE HABLE MÁS. AQUÍ TENÉIS VUESTRAS CREDENCIALES. SALID AIROSO DE ESTA MISIÓN Y CUANDO VOLVÁIS TENDRÉIS UN BUEN EMPLEO EN LA CORTE.
DESAFIANDO EL PELIGRO QUE REPRESENTABA EL CAER DE NUEVO EN MANOS DE LOS PIRATAS ARGELINOS, CERVANTES EMBARCÓ RUMBO A ORÁN...
Armando

empleo provisional, muy lejos de la capitanía a la que, pese a su invalidez, no ha dejado de soñar.

—Se trata de llevar unos pliegos a las autoridades de Orán —le dice el comisario.

—¡Acepto! —se apresura a decir Cervantes.

—Es una misión peligrosa —le advierten.

—Nunca me asustó el peligro.

—En tal caso tomad vuestras credenciales y una orden para el pagador de la armada real en Cartagena, que os entregará cincuenta ducados a cuenta de vuestros servicios. A la vuelta de vuestro viaje os serán librados otros cincuenta por la propia mano del tesorero general.

—Agradezco a vuesa merced la confianza que me otorga.

—Si salís airoso de esta misión —se le promete—, se os concederá un empleo en la Corte.

—Cumpliré como el mejor, os lo aseguro.

—La misión es peligrosa, os lo repito.

—Y yo repito a vuesa merced que nunca me asustó el peligro.

Mucho riesgo había en la comisión, ya que el viaje representaba el peligro de volver a caer en manos de los piratas turcos. Pero Miguel no vaciló ni un solo momento.

Un mes duró el viaje de Miguel, al cabo del cual, cumplida su misión de entregar los pliegos a las autoridades de Orán, arribó a Lisboa en demanda de nuevos oficios.

Pronto se esfuman sus esperanzas. El eterno pedigüeño, como se le denomina ya en las antesalas, es apartado con excusas y dilaciones.

—Quieren apartaros de la Corte —le dice su amigo Rodrigo de Chaves.

—¿Por qué?

—Hay gentes que no soportan que otros tengan más ingenio y valía.

—¿En qué puedo yo estorbarles?

—Sospechan que sois un intrigante.

—¿Yo?

—No os asombre. ¿No conocéis el refrán castellano? Piensa el ladrón que todos son de su condición.

—Don Antonio de Toledo se mostró muy amable conmigo.

—No es amabilidad sólo lo que vos necesitáis, mi buen amigo, sino que se reconozcan vuestros derechos.

—Hay pocos cargos y los pretendientes son muchos —dijo Miguel.

—¿Todavía les excusáis? ¡A fe que no os comprendo!

Nunca acabará de convencerse Miguel de Cervantes de la magnitud de los insondables abismos de la ingratitud humana. Su alma es demasiado generosa para ello. Es un soñador. Y en los gabinetes y antesalas de la Corte, vivero de intrigas, adulaciones serviles y acechanzas, no hay sitio para los soñadores, para dos confiados, para los que suplican en silencio.

No pueden comprenderle quienes apegados a los vanos honores y a las ricas prebendas son incapaces de pensar como don Quijote, de elevarse como él por encima de lo vulgar y cotidiano.

«—Sábete, amigo Sancho, que la vida de los caballeros andantes está sujeta a mil peligros y desventuras, y ni más ni menos está en potencia propincua de ser los caballeros andantes reyes y emperadores como lo ha demostrado la experiencia en muchos, de cuyas historias yo tengo entera noticia. Y pudiérate contar agora, si el dolor me diera lugar, de algunos que sólo que por el valor de su brazo han subido a los altos grados que he contado, estos mesmos se vieron antes y después en diversas calamidades y miserias...»

Miguel de Cervantes, eterno quijote, en sus propios méritos confía y en la fuerza de su brazo para llegar, no a rey y emperador, que a tanto no llega su locura, pero sí humilde servidor del rey.

Con los últimos escudos que le ha pagado don Juan Fernández de Espinosa, el tesorero general, atiende a su sustento durante la larga espera en Lisboa.

Su hermano Rodrigo, embarcado en la flota del marqués de Santa Cruz que acude en socorro de la isla Tercera, se separa de él durante varios meses. Miguel hubiera deseado formar parte de la expedición pero, como siempre, vuelve a chocar con los mismos inconvenientes.

Gasta el fondillo de sus viejas ropas en los duros bancos de las antesalas, pero nunca es recibido.

—Habéis cumplido lealmente vuestra misión —le dicen al regresar de Orán.

Sin embargo, Miguel espera algo más, según lo prometido.

—¿Cuál será ahora mi nuevo empleo? —pregunta.

—Volved dentro de unos días, señor Cervantes.

—Pero...

—En estos momentos no hay plazas vacantes, mi buen amigo.

Y unos días más tarde...

—Todavía no hay nada. Volved la semana próxima.

Cuando Cervantes se aleja, el gran señor, el personaje importante, dice a su secretario.

—Si ese hidalgo mendicante vuelve a suplicar antesala, no le dejéis pasar. Despedidle con cualquier pretexto, ¿entendido?

—Así se hará, excelencia.

AL REGRESAR DE SU MISIÓN ...
OS FELICITO, CERVANTES. HABÉIS REALIZADO UN BUEN TRABAJO.
GRACIAS, SEÑOR. ¿CUAL SERÁ AHORA MI NUEVO EMPLEO ?
VOLVED DENTRO DE UNOS DÍAS Y OS LO DIRÉ. EN ESTE MOMENTO NO SÉ QUE PLAZAS HAY VACANTES.
PERO LOS DÍAS FUERON PASANDO SIN QUE CERVANTES CONSIGUIERA EL EMPLEO PROMETIDO.
TODAVÍA NO HAY NINGUNA VACANTE... VOLVED LA SEMANA PRÓXIMA.
COMO VOS DIGÁIS, EXCELENCIA.
CUANDO VUELVA ESE PEDIGÜEÑO NO LE DEJEIS PASAR. DADLE CUALQUIER EXCUSA.
NO OS PREOCUPÉIS EXCELENCIA. CUMPLIREMOS VUESTRAS ÓRDENES.
ENTRETANTO, MIGUEL DE CERVANTES HABÍA EMPEZADO A ESCRIBIR UNA NOVELA QUE TITULÓ "LA GALATEA"...

4

Miguel de Cervantes, aunque a veces parece querer engañarse a sí mismo, es consciente de que muy poco puede esperar de sus valedores. Sigue insistiendo, pues la necesidad es mucha, pero cada vez se hace menos ilusiones de alcanzar algo positivo.

Fue entonces cuando empezó a escribir «La Galatea», la que ha de ser una de sus novelas más famosas.

—¡Razón tenía mi madre! —se dice Miguel—. Poco se puede fiar de los amigos y de aquellas gentes, que por su condición, tienen en sus manos la fuente de los favores y las privanzas. Por más, que yo no pido favor, sino justicia: un oficio, un humilde empleo.

Pero su único oficio, aparte del de escribir, es el de paseante en corte.

Sus amores con Ana Franca pasan por su vida como una sombra, como una brisa tibia y perfumada. Ella fue, tal vez, la musa que le inspiró «La Galatea», permitiéndole reflejar en sus páginas el encanto y la hermosura del país lusitano:

«Encima de la mayor parte de estas riberas se muestra un cielo luciente y claro que con un largo movimiento y vivo esplendor parece que convida a regocijo y gusto al corazón que de él está más ajeno; y si ello es verdad que las estrellas y el sol se mantienen como algunos dicen de las aguas de acá abajo, creo firmemente que las de este río sean en gran parte ocasión de causar la belleza del cielo que le cubre...»

«La Galatea» es una novela de tema pastoril, de acuerdo con la moda de entonces, donde cuenta los amores de un caballero y una dama de la Corte. No es todavía, la protagonista de la obra, una figura irreal y sublime como la de la sin par Dulcinea, la dulce y lejana amada de don Quijote, aquella que jamás conocerá a su caballero enamorado, la que ni siquiera habrá de recibir la tierna misiva de aquél que por ella pena y sufre:

«El ferido de punta de ausencia y el llagado de las telas del corazón, dulcísima Dulcinea del Toboso, te envía la salud que él no tiene. Si tu fermosura me desprecia, si tu valor no es en mi pro, si tus desdenes son en mí afincamiento, magüer que yo sea asaz de sufrido, mal podré sostenerme en esta cuita, que, además de ser fuerte, es muy duradera. Mi buen escudero Sancho te dará, ¡oh bella ingrata, amada enemiga mía!, entera relación del modo que por tu causa quedo si gustares de socorrerme, tuyo soy; y si no, haz lo que te viniere en gusto; que con acabar mi vida habré satisfecho a tu crueldad y a mi deseo.»

5

Felipe II se trasladó con su Corte a Madrid en 1583.

Miguel regresará también a la capital, cada vez más abrumado, con la frescura de la tez perdida, con más nieve en sus cabellos.

—¡Dios mío! —murmura—. ¡Cuánto tiempo he perdido suplicando favores en los gabinetes de los dispensadores de mercedes!

Su familia le recibe con alegría.

Su hermana Andrea volvió a hablarle de su amiga Catalina, la dama enamorada.

—¿Por qué no vas a verla, Miguel? —le dijo su hermana—. ¿No estás cansado de ir de un lado para otro? ¿No es hora de que pienses en formar un hogar?

—Yo entiendo que es demasiado tarde, Andrea.

—¡Bah! —exclama su hermana.

—Voy a cumplir cuarenta años y Catalina, según me has dicho, no ha cumplido todavía los veinte. Soy un viejo.

—¡Más viejo es tu rival!

—¿Mi rival?

—Sí, Miguel, bueno es que lo sepas. Los padres de Catalina quieren casarla con un hidalgo seco y avellanado. El tal Alonso Quijada, que así se llama el hidalgo, está dispuesto a ocupar el lugar que tú tanto desprecias.

—No es desprecio —dijo Cervantes—, sino conocimiento de mi poco valer. Soy un fracasado.

—Catalina te tiene en gran estima.

—No me conoce bien.

—¡Te admira!

—Sus pocos años le hacen imaginar que es admiración lo que sólo es lástima.

—¡Es amor! Para ella eres el galán de sus sueños, Miguel.

—Yo no puedo corresponder a ese amor, Andrea.

—¿Permitirás que se case con ese viejo caballero, rico, pero lleno de achaques? Ella está enamorada de ti, hermano: me lo ha dicho una y mil veces. A pesar de las recomendaciones de sus padres, está decidida a casarse contigo.

—¿Sus padres se oponen a sus deseos?

—¿Te extraña? Para ellos eres un don nadie, un hombre sin oficio ni beneficio.

—¿Y ella...?

—¡Oh! —exclamó Andrea—. ¡Cómo te gusta que te regalen los oídos! ¡Para Catalina no hay hombre mejor que tú! ¡Eres el príncipe de sus sueños, Miguel!

Cervantes acabó por hacer caso a su hermana y a su madre y se trasladó a Esquivias para entrevistarse con Catalina de Palacios. Tampoco ella puede representar un amor comparable al de Don Quijote por Dulcinea. Sólo experimenta un sentimiento de curiosidad, de agradecimiento, tal vez, por aquella muchacha que, quizá en razón de sus pocos años, le tiene a él, ya maduro, por un hombre de gallarda apostura. Catalina no advierte sus canas ni las arrugas de su frente. Ha tejido una aureola en torno al hombre que luchó en Lepanto como un héroe y le perdona sus años, su mano herida, su cansancio infinito.

El sentimiento de Cervantes hacia ella no es el exaltado del Caballero de la Triste Figura por la lejana y nunca bastante alabada Dulcinea. No habrá de exclamar como su personaje:

> *Árboles, hierbas y plantas*
> *que en aqueste sitio estáis,*
> *tal altos, verdes y tantas,*
> *si de mi mal no os holgáis,*
> *escuchad mis quejas santas.*
> *Mi dolor no os alborote,*
> *aunque más terrible sea;*
> *pues por pagaros escote,*
> *aquí lloró don Quijote*
> *ausencias de Dulcinea...*

Al final del año 1584 Miguel de Cervantes decide desposarse con Catalina, venciendo la oposición de los padres de la muchacha.

—¡No cederé! —le repite la doncella de Esquivias—. Aunque mis parientes se opongan a la boda porque eres pobre, no cederé.

—Me siento conmovido por tu afecto, Catalina —le responde Cervantes—, pero tus parientes tienen razón: soy un hombre sin fortuna, y sin esperanza de tenerla algún día.

—¡Yo te amo!

—Nada puedo ofrecerte para corresponder a ese amor, Catalina; ni siquiera el caudal de ilusiones que alimentaba antaño.

—Acabas de publicar tu primera novela, Miguel, y todo el mundo se deshace en elogios.

—Los elogios no llenan la bolsa.

—¡Conseguirás la gloria!

—La gloria sin dinero, Catalina, de poco sirve.
—Calla, te lo ruego. Seré tu esposa o no lo seré de nadie.
—Tus padres han escogido para ti otro pretendiente. Don Alonso es un hombre importante y con fortuna.
—Rico sí es, pero también es viejo. Puedes comprobarlo, pues ahí llega, puntual como todos los días. ¿Vas a permitir que me case con ese vejestorio?

Miguel, ofendido por la oposición de los parientes de la joven, deja a un lado sus vacilaciones.

El tío de la muchacha, el clérigo don Francisco de Palacios, es quien se muestra más disconforme con el enlace.

—Ese hidalgüelo no tiene donde caerse muerto —dice—. Si quiere casarse contigo es sólo para vivir de tus rentas.
—¡Es un escritor que muy pronto se hará famoso! —exclama Catalina.
—¡Bah! —se burla el clérigo—. Con lo que saque de sus trabajos ese poeta trasnochado y manco ni siquiera tendrá para comprar cebollas.
—Te dobla la edad —intervino la madre.
—¡Más viejo es don Alonso! —protesta la joven.
—Pero es rico, sobrina —le dice el tío.
—¡Basta! —exclama Catalina—. ¡No quiero oír hablar más de ese caballero de la triste figura!
—¡Estás loca!
—¡Estoy enamorada!
—Si tuvieras un adarme de juicio...
—¡Oh! —se desespera la muchacha—. ¿Por qué gastáis saliva en balde? ¡Cese ya tanta porfia! ¡Me casaré con Miguel o entraré en un convento!

6

Si bien al principio se acercó Miguel a Catalina empujado por las conveniencias, luego no dejó de sentirse atraído por el dulce encanto de su juventud y de su discreción.

Vencida la oposición de los parientes por la entereza y obstinación de la joven, la boda de Miguel y Catalina se celebró el 12 de diciembre de 1584.

La dote de la muchacha, consistente en cinco mil trescientos escu-

AQUELLA OBRA FUE PUBLICADA Y LE VALIÓ MUCHOS ELOGIOS, PERO POCO DINERO. HONRADO POR LOS LITERATOS, PERO DESPRECIADO POR LOS PODEROSOS DE LA CORTE, QUE LE CONSIDERABAN UN HIDALGO SIN FORTUNA, CERVANTES ACABÓ POR CEDER A LA PRESIÓN DE SUS HERMANAS Y SE AVINO A CONOCER A LA DAMA DE ESQUIVIAS QUE SE HABÍA PRENDADO DE ÉL.
MIS PARIENTES SE OPONEN A QUE NOS CASEMOS PORQUE NO TIENES FORTUNA, PERO YO TE AMO Y NO CEDERÉ.
EL AMOR QUE LEO EN TUS OJOS ME HA HECHO ACEPTARTE, PERO SI ELLO ES CAUSA DE PROBLEMAS...
¡CALLA! SERÉ TU ESPOSA O NO LO SERÉ DE NADIE... ¿SABES A QUIEN ME PROPONEN PARA ESPOSO?
NO, AUNQUE IMAGINO QUE SERÁ ALGÚN PERSONAJE IMPORTANTE Y CON FORTUNA.
RICO SI ES, PERO TAMBIÉN VIEJO. ¡MÍRALE, AHÍ LLEGA, COMO UN CABALLERO DE LA TRISTE FIGURA!
¡JA, JA! ¡QUÉ BIEN LE HAS DESCRITO!

EFECTIVAMENTE, PARECE "EL CABALLERO DE LA TRISTE FIGURA".

LA OPOSICIÓN DE LOS SALAZAR Y PALACIOS SE HIZO MÁS Y MÁS FUERTE.

ESE HIDALGÜELO NO TIENE DONDE CAERSE MUERTO. SI SE QUIERE CASAR CONTIGO ES SÓLO PARA VIVIR DE TUS RENTAS.

SÍ, PORQUE DE LO QUE ESCRIBA NO SACARÁ NI PARA CEBOLLAS.

DON ALONSO QUIJANO NO ES UN GALÁN JOVEN, PERO TIENE TIERRAS Y MUCHO DINERO.

¡BASTA! ¡NO QUIERO OÍR HABLAR MÁS DE QUIJANO!

GASTAIS SALIVA EN BALDE. ¡ME CASARÉ CON MIGUEL O ENTRARÉ EN UN CONVENTO!

FUE ASÍ COMO, CONTRA LA OPOSICIÓN DE SU FAMILIA, CATALINA DE SALAZAR Y PALACIOS CONTRAJO MATRIMONIO CON MIGUEL DE CERVANTES EL 12 DE DICIEMBRE DE 1584.

dos de plata y algunas tierras de olivos, permitió que los desposados instalaran su hogar con algo más que con un patrimonio de sueños e ilusiones.

Pero Cervantes aporta también su parte. «La Galatea», impresa por Blas de Robles, le reporta a Miguel la cantidad de mil trescientos treinta y seis reales.

Sin embargo, el tiempo y las costumbres de la Corte, tan distintas a las de su aldea natal, enfrían lentamente los entusiasmos de Catalina. Muy a menudo, dejando a su esposo en Madrid, vuelve a Esquivias, llena de añoranza, a buscar los mimos y atenciones de sus parientes.

No, no fue Catalina, como al principio había imaginado Miguel, la dulce compañera de su vida. La admiración de antes se ha convertido, por desgracia, en torrente de enojos y reproches.

Miguel permanece en Madrid, con su joven esposa ausente del hogar, triste y solitario. Trabaja sin descanso en algunas obras de teatro que espera representar en los corrales de la Corte. Se hace amigo de autores y de cómicos y frecuenta las tertulias literarias, donde se le tiene ya por un autor de cierta fama. «Numancia» y «Los Tratos de Argel» se representan, como él dice, sin ofrenda de pepinos ni de otra cosa arrojadiza.

Rodrigo de Cervantes, su buen padre, el viajero incansable, emprende al fin su último viaje. Murió a mediados del año 1585, entregando sus viejos huesos al reposo anhelado, libre ya de hambres y cuidados.

Descansa al fin el andariego cirujano, experto en purgas y sangrías, cosechando como única gloria, que no es poca, la de haber dado el ser al más famoso escritor español, el genio más radiante y esplendoroso de todos los tiempos.

LA MADUREZ

1

Las mujeres que rodean ahora a Miguel, en ausencia de su esposa Catalina, con su madre doña Leonor y sus hermanas Andra y Magdalena.

En pan cotidiano le llega con dificultad, ya que sus obras llevadas al teatro no le proporcionan los beneficios que él esperaba.

Poco a poco abandona la compañía de los cómicos y se encierra a trabajar en sus novelas. Alguna escena, algún lance, le debe ya barruntar en la mente de aquel famoso libro que necesitará de la soledad y desamparo de una lóbrega cárcel para ser escrito.

«... sin juramento me podrás creer que quisiera que este libro, como hijo del entendimiento, fuera el más hermoso, el más gallardo y más discreto que pudiera imaginarse. Pero no he podido yo contravenir a la orden de naturaleza; que en ella cada cosa engendra a su semejante. Y así, ¿qué podía engendrar el estéril y mal cultivado ingenio mío sino la historia de un hijo seco, avellanado, antojadizo y lleno de pensamientos varios y nunca imaginados de otro alguno, bien como quien se engendró en una cárcel, donde toda incomodidad tiene su asiento y donde todo triste ruido hace su habitación? El sosiego, el lugar apacible, la amenidad de los campos, la serenidad de los cielos, el murmurar de las fuentes, la quietud del espíritu son grande parte para que las musas más estériles se muestren fecundas y ofrezcan partos al mundo que le colmen de maravilla y contento. Acontece tener un padre un hijo feo y sin gracia alguna, y el amor que le tiene le pone una venda en los ojos para que no vea sus faltas; antes le juzga por discreciones y lindezas y las cuenta a sus amigos por agudezas y donaires. Pero yo, que, aunque parezco padre, soy padrastro de Don Quijote, no quiero irme con la corriente del uso, ni suplicarte casi con lagrimas en los ojos, como otros hacen, lector carísi-

DESPUÉS DE SU BODA, CERVANTES SIGUIÓ ESCRIBIENDO ...
SE ESFUERZA EN TRIUNFAR, PERO NO LO CONSIGUE.
PERO LOS EMPRESARIOS TEATRALES NO APRECIABAN LA CALIDAD DE SU TRABAJO.
SERÍA MEJOR QUE BUSCARAIS OTRO CAMINO. VUESTRAS COMEDIAS NO GUSTAN AL PÚBLICO. PREFIEREN LAS DE LOPE.
¡SIEMPRE LOPE DE VEGA EN MI CAMINO! ¡ÉL OBLIGA A QUE SE RECHACEN MIS OBRAS!
¿HAN VUELTO A RECHAZAR TUS COMEDIAS?
SÍ, PERO SI CREEN QUE ASÍ ME OBLIGARÁN A QUE DEJE DE ESCRIBIR... ¡SE EQUIVOCAN TODOS!

mo, que perdones o disimules las faltas que en este mi hijo vieres, pues ni eres su pariente ni su amigo, y tienes tu alma en tu cuerpo y tu libre albedrío como el más pintado, y estás en tu casa, donde eres señor della, como el rey de sus alcabales, y sabes lo que comúnmente se dice, que debajo de mi manto, al rey mato. Todo lo cual se exenta y hace libre de todo respeto y obligación, y así, puedes decidir de la historia todo aquello que te pareciese, sin temor que te calumnien por el mal ni te premien por el bien que dijeres della.»

Eso escribirá, con humildad, en el prólogo de su gran libro.

Pero ahora, Miguel, tan acostumbrado a luchar contra el hado adverso, no se siente con fuerzas para superar las envidias y zancadillas de sus rivales y deja la pluma para ocuparse de otras cosas.

Abandona los corrales y tablados donde tomaron vida sus comedias, con escaso triunfo, y, como hiciera su padre en tiempos lejanos, viaja a Sevilla en busca de nuevos horizontes.

Atiende, no sin amargura, los consejos de empresarios y colegas, los más de ellos con mejor suerte que ingenio:

—Buscad otros caminos, señor Cervantes.

—¿Dónde? Hasta los más estrechos senderos, según parece, se presentan cerrados ante mí.

—Vuestras comedias no gustan al público —le dicen—. Prefieren las de Lope.

—¡Lope de Vega! ¡Siempre él! —murmura Miguel con enojo, mientras camina por las estrechas calles de los barrios de Huertas y Cantarranas—. ¡Sólo él es el culpable de que se rechacen mis obras!

No; nunca podrá decir como el Fénix de los Ingenios:

Más de ciento en horas veinticuatro
pasaron de las musas al teatro.

Mientras prepara sus bártulos para trasladarse a las tierras del Sur, su madre y sus hermanas le observan con tristeza.

—Se esfuerza en triunfar —murmura doña Leonor—, pero nunca lo consigue.

Emprende la marcha hacia Andalucía mientras en Madrid quedan su madre y sus hermanas y en Esquivias la esposa.

—No se mostró demasiado contrariada al despedirse de mí —comenta consigo mismo el viajero—. Catalina ha terminado por dar la razón a su madre, que siempre me vio con malos ojos. No cabe hacerle reproches, pues, a fuerza de ser sincero, ni yo mismo puedo aceptar que soy el marido que le convenía.

El matrimonio de Cervantes con la provinciana doncella de Esquivias fue, en verdad, un total fracaso. Para encontrar la felicidad les faltó a ambos algo esencial: a ella, una comprensión que era incapaz de sentir, y a él la renuncia a ciertas inquietudes a las que en modo alguno estaba dispuesto a renunciar.

2

En Sevilla, como era de esperar, Miguel inició otra serie de peregrinajes por antesalas y gabinetes en busca de un empleo.

Pero, como siempre, los personajes importantes que podían hacer algo por él le recibían con enojo y frialdad.

—Volved otro día —le repetían.

Pero ese día, esperado con tanta humildad y paciencia, nunca acaba de llegar.

Las continuas negativas, las dilaciones y desaires, iban mermando sus esperanzas y achicando sus pretensiones.

Algo más de un año pasa Miguel de Cervantes en la ciudad del Guadalquivir ocupado en vivir sin ocupación alguna.

Al fin, cuando había decidido ya regresar otra vez a Madrid, se le concede, tal vez porque nadie lo quiso, un oficio de comisario, equivalente a lo que se denomina en nuestros días un recaudador de contribuciones.

El destino, según parece, le fue concedido por don Antonio de Guevara, proveedor general de la flota.

—¡Por fin he conseguido algo! —exclama Miguel—. ¡Por fin se ha compadecido de mí la mala fortuna!

No sabe que esa mala fortuna, de la que en vano intenta escapar, le prepara, a causa precisamente de su cargo, nuevos días de miseria y amargura.

Una gran flota se estaba reuniendo en Sevilla y en otros puertos para ser enviada contra Isabel de Inglaterra. Felipe II estaba dispuesto a invadir Inglaterra, terminando así con la constante amenaza de los piratas ingleses contra los galeones españoles que regresaban de las Indias cargados de oro.

Isabel de Inglaterra, hija de Enrique VIII y Ana Bolena, había sucedido en el trono a su hermana María Tudor.

La «Reina Virgen», así llamada porque no había querido contraer

EN EL TEATRO, LOPE PUEDE PONERME EL VETO, PERO NO PODRÁ EVITAR QUE ESCRIBA EN PROSA Y MIS NOVELAS ME HAGAN CÉLEBRE.
POR AQUEL ENTONCES, CERVANTES CONSIGUIÓ UN EMPLEO DE COMISARIO DE REQUISAS PARA LA ARMADA QUE EL REY FELIPE PREPARABA CONTRA INGLATERRA.
SU CATÓLICA MAJESTAD QUIERE BAJAR LOS HUMOS A LA REINA ISABEL Y A SUS CORSARIOS. VOS TENÉIS LA MISIÓN DE COMPROBAR LAS REQUISAS PARA APROVISIONAR LA FLOTA.
A CAUSA DE SU NUEVO EMPLEO, CERVANTES RECORRIÓ LOS CAMINOS DE ESPAÑA...
...HACIENDO ALTO EN LOS MESONES Y POSADAS, DONDE CONOCIÓ Y TRATÓ A TODA CLASE DE GENTES.
PRUEBE ESTE VINO VUESTRA MERCED. ES MÁS VIEJO QUE MI ABUELO.
GRACIAS, BUEN HOMBRE.

«ME GUSTA ESTAR CON ESTA GENTE. NO SON ILUSTRADOS, PERO SÍ SINCEROS. SON GENUINOS TIPOS ESPAÑOLES.»

Y ASÍ, RECORRIENDO LAS TIERRAS ANCHAS DE CASTILLA FUE CONTEMPLANDO ESCENAS QUE LLAMARON PODEROSAMENTE SU ATENCIÓN.

—¡EH! ¡SOLTADME QUE NO ESTOY PARA BROMAS!

—¡APRISA! ¡TRAED UNA MANTA!

—¡ARRIBA CON ÉL!

—¡AÚPALE!

—¿PARA QUÉ TOMÁIS NOTAS, SEÑOR CERVANTES?

—PORQUE ALGÚN DÍA ESCRIBIRÉ SOBRE TODO LO QUE ESTOY VIENDO.

matrimonio, puso todo su empeño en defender a la religión reformada y en abatir el poder de España. Favoreció la rebelión de Flandes, enviando, en ayuda de los sediciosos, un numeroso ejército al mando del duque de Leicester, su favorito.

El incendio de unas naves españolas en el puerto de Cádiz, perpetrado por el corsario inglés Francis Drake, protegido de la reina Isabel, colmó la medida de los agravios inferidos a España. Felipe II, decidido a terminar con el poderío de su enemiga, ordenó la construcción de una formidable escuadra para emplearla en la invasión de Inglaterra.

Fallecido don Alvaro de Bazán, uno de los héroes de Lepanto, que debía ponerse al frente de la flota, ocupó su lugar el duque de Medinasidonia, que, por su ineptitud, debía conducirla al fracaso.

Las naves de la Armada Invencible debían concentrarse en Lisboa. Desde allí, después de recoger en los puertos de Flandes a los tercios de Alejandro Farnesio, se lanzarían a la arriesgada empresa.

Pero don Alfonso Pérez de Guzmán, el citado duque de Medinasidonia, no era hombre para llevar a cabo lo que de él se esperaba.

Es cierto que al desastre de la Invencible contribuyó en gran manera la furia de los elementos desencadenados. Pero el fracaso fue debido, en su mayor parte a la impericia del duque, ajeno por completo a los asuntos de mar.

«—Yo envié mis naves a luchar con los hombres, no contra los elementos —dijo estoicamente Felipe II al ser informado de la tragedia.

A la tempestad se unió, para desventura de la flota española, la ausencia de un jefe más capacitado.

Todo esto no había sucedido todavía cuando Miguel de Cervantes se hizo cargo de su nombramiento de comisario de la requisa real, a las órdenes de don Diego de Valdivia, alcalde de la Audiencia de Sevilla.

—Es preciso aprovisionar las naves de la flota que nuestro soberano se dispone a enviar a Inglaterra para combatir a la reina Isabel —le dice su superior—. Vuestra misión consiste en comprobar si las requisas de víveres se efectúan de acuerdo con lo establecido, señor comisario.

—Estoy a vuestro servicio, señor de Valdivia.

—Al del rey debéis decir, señor de Cervantes, ya que actuaréis en su nombre, por vía de apremio y con los auxilios necesarios para que nadie se muestre remiso y perezoso en acatar lo dispuesto.

—Pondré todo mi afán en atender a mi deber, como cumple a todo leal servidor del rey —prometió Cervantes.

—Eso se espera de vos —respondió don Diego de Valdivia—. Y no supongáis que vuestra misión es fácil. No está de más advertiros que, en ocasiones, preciso os será emplear la fuerza.

—¿Cómo así? —se extrañó Miguel—. ¿Acaso cabe hacer resistencia a las órdenes reales?

—Nadie entrega de buen grado lo que estima que sólo a él le pertenece.

—¿Ni siquiera para contribuir a tan noble causa?

—Ni aun así, señor Cervantes.

—Si los soldados y marineros que van a embarcar en esas naves ofrecen generosamente su sangre, y aún sus vidas, para defender a la patria, ¿por qué han de negar, los que no corren tal riesgo, el dinero y los víveres necesarios para tan gloriosa empresa?

—No lo sé.

—¡Es injusto!

—Decís bien, pero andad prevenido.

Lo que don Diego de Valdivia no explicó a Cervantes es que la resistencia del pueblo a subvenir a las necesidades de la flota se fundamentaba en los bajos precios que se pagaban por los víveres, especialmente aceite y granos, muy por debajo de los que regían en el mercado. En tales condiciones, la labor de un recaudador, aunque avalado por credenciales reales y auxiliado por la justicia, no tenía nada de agradable.

Miguel, por descontado, no iba a ser recibido con vítores ni repicar de campanas, sino con denuestos y alborotos.

En los mesones, donde por prudencia procuraba ocultar su condición de recaudador, era bien acomodado y servido.

Mientras permanece en Sevilla, Miguel se aloja en la posada de su amigo Tomás Gutiérrez, antiguo comediante, que dejó estrecheces de la farándula por el oficio de mesonero.

—Aquí podrá alojarse vuesa merced —le dice Tomás Gutiérrez— como si de un príncipe se tratara. Mi posada es la más limpia de toda Sevilla, señor Cervantes.

—Pero yo no puedo pagar como un príncipe, mi buen amigo —se ve en la obligación de advertirle Miguel—. A decir verdad, un mesón de los situados en la otra orilla del Guadalquivir se acomodaría mejor, sino a mis preferencias, sí a mi corto peculio.

—Os hospedáis aquí, señor Cervantes —respondió el actor metido a mesonero—, y no se hable más. ¿Os dije ya que en toda la calle de Bayona no hay una posada más limpia, discreta, decorosa y bien abastecida, señor Cervantes?

—Dijísteis que no la había tal en toda la ciudad. Y a fe, señor Gutiérrez, que téngalo por seguro.

—Y mesonero más honrado no le hay —afirmó Gutiérrez—, pese a su antiguo oficio.

—¿Cómo? —se extraña Cervantes—. ¿Acaso la profesión de cómico no es de las más dignas?

—No es ese el parecer de la Hermandad del Santísimo Sacramento, en la que me niegan ser admitido como cofrade por haber yo andado en otros tiempos en ciertos negocios farandulescos. Es verdad que fui cómico cuando era mozo, y como tal sin hacienda, pero esto no es oficio mecánico, sino de mucha habilidad y discreción, y su origen de patriarcas, reyes, profetas y curiales romanos. Así se lo he expresado a esos señores de la cofradía en mi declaración, pero maldito si me han hecho el menor caso. No se atiende a los méritos, sino a lo que representas.

—Algo sé yo de eso, mi buen amigo.

Allí, pues, en aquel refugio que el bueno de Gutiérrez le ofrece por pocos dineros, se hospeda Miguel de Cervantes cuando regresa a Sevilla cuando vuelve de los pueblos y aldeas con los víveres requisados. Allí, en una habitación de la parte alta de la casa, ajustará sus cuentas y redactará los informes para sus superiores.

Tal vez también allí, sobre la mesa de tosca madera que le sirve de escritorio, tomaría la pluma para componer algunos versos o hilvanar algunas prosas literarias.

EL CAUTIVO DE SEVILLA

Pero no le queda tiempo a nuestro héroe para dedicarse a sus aficiones literarias, otra vez renacidas. Su arduo deambular por pueblos y aldeas, su trato con rudos campesinos y avarientos terratenientes no le permiten prolongados ocios.

—No es fácil reunir lo que me pedís —le dicen a menudo—. La cosecha ha sido muy mala este año, señor comisario.

—Eso dicen todos —responde Cervantes.

—¿Qué otra cosa habían de decir a vuesa merced, señor, si es tan cierto como que la muerte nos aguarda a todos. ¿No podríais reducir la cantidad fijada?

—No puedo.

—Entonces, como no se produzca un milagro...

—¿Qué milagro?

—El de la multiplicación del trigo y el aceite, como nos explican los sagrados libros que se produjo el de los panes y los peces.

—Excusad toda chanza, buen hombre.

—¡Oh! —se lamenta el buen hombre, pues no hay duda de que lo es, pero algo apegado a lo suyo—. ¿Acaso me da vuesa merced motivos de chanza y regodeo?

—Entregadme lo estipulado, señor alcalde, y acabemos.

—La mala cosecha...

—Oí ya antes esa canción, y no me sirve. Además, que no soy yo quien fija las cantidades de grano y aceite que debe entregar cada pueblo, sino su excelencia el proveedor de las galeras.

—¡Voto a tal! ¿Creéis que en este lugar sembramos el trigo y cosechamos el aceite para que se lo lleve todo su excelencia el señor proveedor de las galeras con sus limpias manos?

—No se lo lleva todo, sino aquello que está señalado y corresponde; y no para su uso y provechos, sino para servicios de Su Majestad.

—¿Por orden del rey, decís?

—Por su orden y expreso deseo.

—¡Váleme Dios! ¿Puede ser deseo del rey que mis hijos se mueran de hambre?

—¿Cómo podéis imaginarlo? ¡Fuera desatino!

—Si se lleva mi trigo, ¿qué otra cosa puede ocurrir? Sabed que mis hijos, aunque rudos labriegos, no se contentan con piedras, sino con pan.

—Nadie pretende privaros de él, señor alcalde.

—¿No? ¡El señor proveedor de las galeras, por más señas!

—No es un tributo ni una requisa. Este recibo dará fe de que todo lo que entreguéis os será pagado en su día.

—¿Qué día?

—El día que se resuelva pagaros.

No sabían los alcaldes y otras autoridades de los concejos que las arcas reales andaban harto escasas, pero algo se barruntaban. Por eso, desconfiados, se resistían todo lo posible a entregar para la Armada los víveres solicitados.

Miguel de Cervantes, como otros legados que recorrían como él los pueblos de España en cumplimiento de tan ingrata misión, conseguía al fin su provisión de trigo y aceite, pero dejando a sus espaldas una sorda retahíla de protestas y resentimientos.

Era deseo del rey que los comisionados y alguaciles de los proveedores de las galeras no usaran de malos tratos ni de malas palabras para proceder a sus exacciones. A eso se atenía Miguel, quien, aun cumpliendo con su deber, se dolía de las miserias y dolor de aquellas gentes.

—Sólo por mi malaventura —se dice— he venido en ejercer tan triste oficio.

Y así, recorriendo Miguel de Cervantes las anchas tierras de Andalucía y de Castilla tuvo ocasión de estudiar y aprender de la vida, como siempre había hecho, lances y situaciones que más tarde había de recrear en sus novelas, especialmente en su más famosa, «Don Quijote de la Mancha».

¿No pudo suceder que encontrara en alguna posada o venta mozas iguales a las que armaron caballero al viejo hidalgo que salió a recorrer el mundo en busca de aventuras?

Miguel no las tomaría por señoras principales ni por damas discretas y hermosas de un castillo encantado, pero tampoco habría de regatearles sus elogios ni privarlas del homenaje que don Quijote les prodigó con tanto donaire:

*—Nunca fuera caballero
de damas tan bien servido
como fuera Don Quijote
cuando de su aldea vino:
doncellas curaban dél;
princesas del su rocino.*

En los pueblos y caminos, cuando el encono y las quejas de los expoliados no fueran tantas que le cerraran el ánimo, haría acopio de sentencias y refranes como los que después pondría en boca de Sancho:

«—Dios lo hará mejor —dijo Sancho—; que Dios que da la llaga, da la medicina; nadie sabe lo que está por venir: de aquí a mañana muchas horas hay, y en una, aun en un momento, se cae la casa; yo he visto llover y hacer sol todo en un mismo punto; tal se acuesta sano a la noche, que no se puede mover al otro día.

»Y dígame, ¿por ventura habrá quien se alabe que tiene echado un clavo a la rodaja de la fortuna? No, por cierto; y entre el «sí» o el «no» de la mujer no me atrevería yo a poner una punta de alfiler, porque no cabría.

»Dénme a mí que Quieteria quiera de buen corazón y de buena voluntad a Basilio; que yo le daré un saco de buena ventura; que el amor, según yo he oído decir, mira con unosjantojos, que hacen parecer oro al cobre, a la pobreza riqueza, y a las legañas perlas.

»—¿Adónde vas a parar, Sancho, que seas maldito? —dijo don Quijote—. Que cuando empiezas a ensartar refranes y cuentos, no te puede esperar sino el mesmo Judas, que te lleve. Dime, animal, ¿qué sabes tú de clavos, ni de rodajas, ni de otra cosa ninguna?

»—¡Oh! Pues si no me entienden —respondió Sancho—, no es maravilla que mis sentencias sean tenidas por disparates. Pero no importa: yo me entiendo, y sé que no he dicho muchas necedades en lo que he dicho; sino que vuesa merced, señor mío, siempre es friscal de mis dichos, y aun de mis hechos.

»—Fiscal has de decir —dijo don Quijote—; que no "friscal", prevaricador del buen lenguaje, que Dios te confunda.

»—No se apunte vuesa merced conmigo —respondió Sancho—, pues sabe que no me he criado en la Corte, ni he estudiado en Salamanca, para saber si añado o quito alguna letra a mis vocablos...»

«... que tanto vales cuanto tienes, y tanto tienes cuanto vales. Dos linajes solos hay en el mundo, como decía una agüela mía, que son el tener y el no tener, aunque ella al de tener se atenía; y el día de hoy, mi señor don Quijote, antes se toma el pulso al haber que al saber; un asno cubierto de oro parece mejor que un caballo enalbardado. Así que vuelvo a decir que a Camacho me atengo, de cuyas ollas son abundantes espumas gansos y gallinas, liebres y conejos; y de las de Basilio serán, si viene a mano, y aunque no venga sino el pie, aguachirle.

»—¿Has acabado tu arenga, Sancho? —dijo don Quijote.

»—Habréla acabado —respondió Sancho—, porque veo que vuesa merced recibe pesadumbre con ella; que si esto no se pusiera de por medio. Obra habría cortada para tres días.

»—Plega a Dios, Sancho —replicó don Quijote—, que yo te vea mudo antes que me muera.

»—Al paso que llevamos —respondió Sancho—, antes que vuesa merced se muera estaré yo mascando barro, y entonces podrá ser que esté tan mudo, que no hable palabra hasta la fin del mundo, o, por lo menos, hasta el día del juicio.

»—Aunque eso así suceda, ¡oh Sancho! —respondió don Quijote—, nunca llegará tu silencio a do ha llegado lo que has hablado...»

2

Miguel encontraba siempre algún detalle o sucedido que anotar en sus papeles.

Alguna vez, los huéspedes de la posada o el mismo Tomás Gutiérrez, no dejan de preguntarle:

—¿Para qué tomáis nota de todo eso, señor Cervantes? ¿Importa a vuestro cometido de comisario del proveedor de la flota?

—No —solía responder Cervantes—, sino que algún día pienso escribir un libro sobre todo lo que estoy viendo. No quiero remedar en sus páginas lo que otros han escrito ni experimentado por su cuenta, sino reflejar en ellas la propia vida.

—¡Oh! De ese modo, señor Cervantes, unís, como suele decirse, la devoción a la obligación. Si bien, por lo que parece, no sacáis excesivo beneficio de vuestro empleo.

—Aunque no cobrase nada por mi trabajo, el empleo sería fructífero.

—¿Cómo así?

—Porque gracias a él puedo recorrer media España.

—¡Bah! Poco provecho os habrá de reportar eso, ya que sólo os detenéis en las aldeas y los pueblos, donde, por descontado, no habréis de encontrar personas importantes, sino gente humilde y burdos campesinos.

—En las gentes sencillas —repuso Cervantes— alientan las mismas pasiones y los mismos sentimientos que entre la gente de alcurnia. A todos nos ha creado Dios del mismo barro.

Cierta vez, al atravesar una llanura acompañado de dos alguaciles que le ayudaban en su labor, se le ocurrió a Cervantes preguntar a un campesino que encontró en el camino:

—¿Falta mucho para llegar a Cantalejo, buen hombre?
—¿Cantalejo ha dicho vuesa merced?
—Eso he dicho.
—¡Hum!
—¿Falta mucho para llegar?
—Depende.
—¿De qué, mi buen amigo?
—De que vayáis aprisa o despacio.

—¡Oh! —exclamó uno de los alguaciles que iban acompañando a Miguel—. ¿No es eso responder como un sandío?

—No tal —repuso Cervantes—. Se me antoja, por el contrario, que la respuesta es muy aguda.

De pronto, una gran polvareda llamó la atención del otro alguacil, quien señaló inquieto en su dirección:

—¡Mirad, señor Cervantes! —gritó—. ¡Se acercan tropas, no hay duda!

—¿Tropas?
—¡Así es, voto a tal! ¡Parece un ejército en marcha!
—¡Bah! —exclamó el campesino—. No se asusten vuesas mercedes, que no son soldados los que vienen.
—¿No? —preguntó Cervantes.
—No, excelencia.
—¡Vive Dios! —se extrañó Miguel—. ¿Qué es, entonces, lo que levanta esa polvareda?
—Un rebaño de carneros —respondió el campesino.

¿Acaso esta escena no la reflejó Miguel de Cervantes en la primera parte de su famoso libro?

«—... Pero estáme atento y mira; que te quiero dar cuenta de los caballeros más principales que en estos dos ejércitos vienen. Y para que mejor los veas y notes, retirémonos a aquel altillo que allí se hace, de donde se deben descubrir los dos ejércitos».

Don Quijote señala a las dos manadas, describiendo a Sancho lo que no veía ni había.

CERVANTES ENCONTRABA SIEMPRE ALGÚN DETALLE O SUCESO DIGNO DE SER ANOTADO EN AQUELLOS PAPELES, QUE LUEGO GUARDABA COMO ORO EN PAÑO.

AÚN CUANDO NO COBRASE NADA POR ESTE TRABAJO, EL EMPLEO SERÍA FRUCTÍFERO PORQUE ME HA PERMITIDO RECORRER MEDIA ESPAÑA.

DECIDME BUEN HOMBRE, ¿FALTA MUCHO PARA LLEGAR A CANTALEJO?

ESO DEPENDE... DE QUE VAYÁIS APRISA O DESPACIO.

AGUDA RESPUESTA LA TUYA, AMIGO...

MIRAD, SEÑOR CERVANTES. ¡SE ACERCAN TROPAS!

¡PARECE UN EJÉRCITO EN MARCHA!

NO SE ASUSTEN VUESTRAS MERCEDES QUE NO SON SOLDADOS LOS QUE VIENEN.

ENTONCES, ¿QUÉ ES LO QUE LEVANTA ESA POLVAREDA?

SON LOS PASTORES QUE REGRESAN AL PUEBLO CON SUS REBAÑOS...

ENTRETANTO, ALGUNOS DE LOS QUE ENVIDIABAN A CERVANTES, APROVECHARON QUE EL EMPLEO DE ALGUACIL NO ERA MUY BIEN VISTO POR EL PUEBLO, PARA PRESENTAR UNA DENUNCIA.

NO TENÍA AUTORIDAD PARA QUEDARSE CON LAS TRESCIENTAS FANEGAS DE TRIGO DEL DEPÓSITO DE ECIJA.

Y MENOS PARA VENDERLAS POR SU CUENTA Y EMBOLSARSE EL DINERO.

QUE ARRESTEN AL TAL CERVANTES Y LO CONDUZCAN A PRISIÓN. RESPONDERÁ DE SUS MALVERSACIONES.

FUE ASÍ COMO SIN ESCUCHAR LAS PROTESTAS DE INOCENCIA DE MIGUEL DE CERVANTES SE LE CONDUJO A LA PRISIÓN DE SEVILLA.

¡COMETEN UNA INJUSTICIA!¡SOY INOCENTE!

«—Aquel caballero que allí ves de las armas jaldes, que trae en el escudo un león coronado, rendido a los pies de una doncella, es el valeroso Laurcalco, señor de la Puente de Plata; el otro de las armas de las flores de oro...»

Sancho Panza, al final de la larga descripción, le responde:

«—Señor, encomiendo al diablo hombre, ni gigante, ni caballero de cuantos vuesa merced dice, que, parece por todo esto; a lo menos, yo no los veo; quizá todo debe ser encantamiento, como los fantasmas de anoche.

»—¿Cómo dices eso? —respondió don Quijote—. ¿No oyes el relinchar de los caballos, el tocar de los clarines, el ruido de los tambores?

»—No oigo otra cosa —respondió Sancho— sino muchos balidos de ovejas y carneros.

«—El miedo que tienes —dijo don Quijote— te hace, Sancho, que ni veas ni oigas a derechas; porque uno de los efectos del miedo es turbar los sentidos y hacer que las cosas no parezcan lo que son; y si es que tanto temes, retírate a una parte y déjame solo; que solo basto a dar la victoria a la parte a quien yo diere mi ayuda.»

3

Guiado por su obligación, y también por su mala fortuna, Miguel de Cervantes llegó a la localidad de Ecija con la comisión de recabar nuevos abastecimientos para la flota.

Pese a las protestas, Miguel interviene los víveres señalados. Entre las partidas requisadas hay algunas que pertenecen a la parroquia de Santa Cruz. El vicario, protegido por el deán y cabildo de Sevilla, denuncia lo que él considera un atropello.

Eso, unido a una sospecha, infundada por cierto, de una malversación de fondos, dan con sus huesos en la cárcel.

—No teníais autoridad para disponer de las trescientas fanegas de trigo del depósito de Ecija —le dice el juez.

—La orden real obliga a todos —se excusa Cervantes.

—Convengo en ello —dice el juez—. Pero habéis cometido la ligereza de vender parte de las provisiones por vuestra cuenta.

—Por ciertos dineros que se me debían, excelencia.

—Vuestras cuentas no están muy claras.

Hay recibos que acreditan la deuda.

Pasó varios días entre interrogatorios y declaraciones, sosteniendo que jamás había hecho cosa indebida, sino que había cumplido su misión con honradez y diligencia.

En su posada de la calle de Bayona, Miguel espera el veredicto del juez. Mientras, la Armada Invencible que el rey Felipe envió contra Inglaterra sufrió el descalabro que todos conocemos.

—Gracias hay que dar a Dios —dice el monarca— de que el desastre no haya sido mayor. La furia de la tempestad fue quien hizo fracasar la magna empresa, que no la intervención de los hombres.

En su carta a los obispos, dice el resignado monarca:

«Los sucesos del mar son tan varios como se sabe y lo ha demostrado el que ha tenido la Armada, y como debéis de haber entendido, ha llegado el duque de Medinasidonia con parte de ella al puerto de Santander, y otros han aportado a otras partes; y algunos maltratados de larga y trabajosa navegación que han tenido; y como de todo lo que Dios es servido hacer, se le deben las gracias, yo se las he dado de esto y de la misericordia que ha usado con todos, pues, según los tiempos contrarios y peligros en que se vio la Armada de un temporal recio y deshecho que la dio, se pudiera con razón temer peor suceso, y el que ha tenido atribuyo a las oraciones y plegarias que con tanta devoción se han hecho.»

En febrero del año 1589 Miguel de Cervantes presentó una declaración jurada de las cuentas.

También eleva una solicitud al presidente del Consejo de Indias en la que, invocando de nuevo sus servicios prestados, ruega que se le haga merced de un oficio en las nuevas tierras, de los que a la sazón están vacantes.

Nuevamente, otra rotunda negativa aguarda al eterno solicitante. Había varios puestos vacantes, entre ellos el de la gobernación de Soconusco, en Guatemala, pero todos han sido ya ocupados cuando Cervantes acude a presencia del auditor.

Además, Miguel ha de esperar la sentencia de la causa que se instruyó contra él. Cuando ésta llega, no puede ser más severa.

—Prended al tal Cervantes —ordena el juez a los servidores de la justicia— y conducidlo a la cárcel.

Vanas fueron sus protestas de inocencia e inútiles todas las razones que alegó en el momento de la detención.

—¡Soy inocente! —exclamó cuando los corchetes se presentaron en la posada para cumplir la orden del juez.

—¡No hagáis resistencia!

Miguel, sujetos los brazos, grita:

—¡Se está cometiendo una injusticia!

¿HAS VISTO, EL COMISARIO DE REQUISAS VA PRESO POR LADRÓN?
¡ESO ESTÁ BIEN! ¡QUE EL ALGUACIL SEA ALGUACILADO!
¡JA, JA, JA!
Y CERVANTES DIO CON SUS HUESOS EN LA CÁRCEL, APRENDIENDO A SU COSTA CUAN DIFÍCIL ES PROBAR LA PROPIA INOCENCIA SI MEDIAN GENTES QUE POR OFICIO TRATAN DE ENREDARLO TODO. MAS ÉL SE ACOMODÓ A SU NUEVA SITUACIÓN, E INCLUSO LLEGÓ A SACAR FRUTO DE ELLA.
NO HAGAS TRAMPAS, CORTADILLO, QUE AHORA ESTAMOS ENTRE AMIGOS.
DICES BIEN, RINCONETE, Y PERDONA MI EQUIVOCACIÓN, PERO TAL ES LA FUERZA DE LA COSTUMBRE... AUNQUE ES DE LEY QUE ENTRE PÍCAROS NO HAGAMOS PICARDÍAS.
¿A DÓNDE HAN IDO A PARAR MIS ILUSIONES? FRACASÉ COMO POETA Y QUEDÉ INÚTIL COMO SOLDADO. DE MIS PRISIONES NO PUDE ESCAPAR, QUE ME LIBRÓ LA CARIDAD... ¡EN TODO HE FRACASADO!

Los vecinos, y aün los huéspedes que con él habían convivido en el establecimiento del antiguo comediante Tomás Gutiérrez, comentaron con burdos sarcasmos y crueles burlas lo que estaba sucediendo.

—¡Vaya un lance!

—¡Ja, ja, ja, ja! ¡El comisario de requisas va preso por ladrón!

—¡El alguacil alguacilado!

—¡Vive Dios! ¡Siempre dije que había algo extraño en la actitud de ese hombre!

—¡Para que te fíes de las aguas mansas!

4

Leída que le fue la sentencia, según establecían las leyes, Miguel de Cervantes ingresó en la cárcel: el que fuera cautivo en Argel, es ahora cautivo en Sevilla.

La cárcel de Sevilla era, en aquellos tiempos, una de las más grandes y frecuentadas de toda España. La ciudad, como puerto de tránsito para las Indias, era de paso obligado para las gentes de toda especie y calaña; por eso, no es de extrañar que en sus calabozos estuvieran encerrados un gran número de reclusos de toda condición, formando, en su conjunto, todo un mundo abigarrado y siniestro de rufianes, ladrones, timadores y descuideros. ¿Habría también alguno que fuera inocente?

Cervantes, pasados los primeros momentos en que se había rebelado contra la injusticia que con él se hacía, se amoldó con aparente serenidad a la nueva situación. Pero, de vez en cuando, al contemplar las rejas que le retenían, exclamaba con amargura:

—¡Cautivo en mi propia patria! ¿Cabe mayor desventura?

Cierto que era inocente, pero no podía dejar de admitir que, por lo menos, había obrado con cierta ligereza. Había fiado en la palabra de ciertas personas y el retraso en percibir las cantidades que éstas le adeudaban había motivado que la presentación de sus cuentas se dilatara de forma que, a juicio de sus detractores, podía tomarse como sospechosa.

Ni un solo maravedí de los que se debían a la corona había quedado en sus bolsillos, sino en los del portugués Gabriel Rodríguez, quien no hizo honor a la cédula que recibiera por cuenta de Simón Freire, depositario de las cobranzas efectuadas por Cervantes. Ni Freire ni Gabriel Rodríguez le pagaron y el hidalgo metido a recaudador, al no poder presentar el importe de sus alcabalas, quedó en entredicho.

—Mi inocencia acabará por resplandecer —se decía a sí mismo.

Pero muy pronto habría de aprender, a su costa, que es difícil probar la inocencia cuando andan de por medio gentes, que, por su oficio, tratan de enredarlo todo.

Miguel, en los primeros días, se siente deprimido por el espectáculo que le rodea. Con el corazón oprimido, su mente se llena de amargos pensamientos.

Pero, poco a poco, al par que va conociendo a sus compañeros de encierro, va comprendiendo que no todo es maldad y torpeza en aquellas gentes. Muchas veces, según va comprobando al tratarlas, sólo la ignorancia y la mala ventura eran las causantes de su estado.

A muchos de ellos, humanizándolos y ennobleciéndolos, habría de presentarlos en las páginas de sus obras. A Rinconete y Cortadillo, por ejemplo, les haría expresarse en una de sus «novelas ejemplares»:

«—Lo que yo sabré decir desa bolsa es que no debe de estar perdida, si ya no es que vuesa merced la puso a mal recaudo.

»—¡Eso es ello, pecador de mí —respondió el estudiante—: que la debí poner a mal recaudo, pues me la hurtaron!

»—Lo mismo digo yo —dijo Cortadillo—; pero para todo hay remedio, si no es para la muerte, y el que vuesa merced podrá tomar es, a lo primero y principal, tener paciencia; que de meno nos hizo Dios, y un día viene tras otro día, y donde las dan las toman, y podrá ser que, con el tiempo, el que llevó la bolsa se viniese a arrepentir y se la devolviese a su merced sahumada.

»—El sahumerio lo perdonaríamos —respondió el estudiante.

»Y Cortadillo prosiguió diciendo:

»—Cuanto más, que cartas de descomunión hay, paulinas, y buena diligencia, que es la madre de la buena ventura; aunque, a la verdad, ya quisiera yo ser el llevador de tal bolsa, porque si es que vuesa merced tiene alguna orden sacra, parecemería a mí que había cometido algún grande sacrilegio.»

En la realidad, Rinconete y Cortadillo son dos habituales de la cárcel que pasaban el tiempo jugando a los dados.

—No hagas trampas, Cortadillo, que ahora estamos entre amigos.

—Dices bien, Rinconete. Perdona mi equivocación, pues es de ley que entre pícaros no hagamos picardías.

—Luego, ¿por qué las haces?

—Por la fuerza de la costumbre, amigo.

—Pues guarda tus habilidades para cuando salgamos de aquí, compañero.

No es probable que Miguel de Cervantes empezara en la cárcel a escribir su famoso libro, pero sí que en ella fuera pergueñando en su mente todos los lances y aventuras de Don Quijote.

—¿En qué piensa vuesa merced? —es posible que le dijeran sus amigos.

—En un hidalgo que saldrá de su casa para salir en busca de aventuras.

—¿Como los caballeros andantes?

—Sí, señor Cortado.

—¿Joven y valiente?

—Valiente sí, ya que no lo habrá en el mundo tan esforzado como él; pero no será joven, sino viejo.

—¿Y cómo va a enviarlo vuesa merced a correr aventuras por el mundo, según las estrechas leyes de la caballería andante, cuando mejor sería que se estuviera en su casa cuidando de su hacienda?

—Porque ni el mismo Belcebú sería capaz de retenerle.

—¿Acaso vuestro caballero andante está loco?

—Muchos le tomarán por tal, pues, según entiendo, siempre toma el necio por locura aquello que él no comprende.

—Paréceme a mí, señor Cervantes, que ese hidalgo de vuestro libro se parece a vos como una castaña a otra castaña.

—Es posible, señor Rinconete; que si a don Quijote se le reblandecen los sesos por sus muchas lecturas, a mí puede haberme ocurrido lo mismo por mis muchas desventuras.

—No entiendo cómo vuesa merced ha venido a parar a este lugar, señor Cervantes.

—Vine, señor Cortado, porque siempre fue para mí esquiva la fortuna.

—Luego, ¿no valen para nada el ingenio y las buenas maneras?

—Sí valen.

—¿Para veros preso entre rufianes?

—Valen para vivir de acuerdo consigo mismo, según su conciencia y leal entender de las cosas. Así seguiré por la senda de la rectitud, que otro camino no sabría tomarlo.

—¡Sois un poeta!

—Un poeta fracasado.

5

De este modo, dentro de la cárcel, «donde toda incomodidad tiene su asiento y donde todo triste ruido hace su habitación», empezaron a esbozarse las escenas de don Quijote de la Mancha, el hidalgo que habría de asombrar al mundo con sus incomprendidas locuras.

Allí, tal vez, sobre algún papel proporcionado por amable carcelero, empezaría a escribir...

«En un lugar de la Mancha, de cuyo nombre no quiero acordarme, no ha mucho tiempo que vivía un hidalgo de los de lanza en astillero, adarga antigua, rocín flaco y galgo corredor.»

El libro iría tomando forma, brotando de su corazón para florecer en su mente.

—Pondré en él todos mis sueños frustrados; mezclando en él, también, mi ideal de justicia con la realidad que impera en el mundo.

Su personaje será un loco a los ojos del mundo, pero un loco enamorado.

«—... o por mi buena suerte, me encuentro por ahí con algún gigante, como de ordinario les acontece a los caballeros andantes, y le derribo de un encuentro, o le parto por mitad del cuerpo, o, finalmente, le venzo y le rindo, ¿no será bien tener a quien enviarle presentado, y que entre y se hinque de rodillas ante mi dulce señora, y diga con voz humilde y rendida: «Yo, señor, soy el gigante Caraculiambro, señor de la ínsula Malindrania, a quien venció en singular batalla el jamás como se debe alabado caballero don Quijote de la Mancha, el cual me mandó que me presentase ante la vuestra merced, para que la vuestra grandeza disponga de mí a su talante»? ¡Oh, cómo se holgó nuestro buen caballero cuando hubo hecho este discurso, y más cuando halló a quien dar nombre de su dama! Y fue, a lo que se cree, que en un lugar cerca del suyo había una moza labradora de muy buen parecer, de quien él un tiempo anduvo enamorado, aunque, según se entiende, ella jamás lo supo ni se dio cata dello. Llamábase Aldonza Lorenzo, y...»

Miguel de Cervantes, en su glorioso libro, cuenta las desdichadas aventuras de un caballero andante llamado don Quijote, que sale a recorrer el mundo para resucitar las fantásticas hazañas de los míticos héroes de la caballería andante.

Ese hidalgo, manchego por más señas, se llama Alonso Quijano y ha perdido el juicio leyendo libros de caballerías. Es ya viejo y tiene un corazón de poeta, por lo que camina por pueblos y aldeas idealizándolo todo. En su primera salida, don Quijote llega a una venta que él toma por castillo encantado. En ella es armado caballero por unas mozas de mesón.

«—Non fuyan vuesas mercedes —dice don Quijote a las criadas— ni teman desaguisado alguno; que a la orden de caballería que profeso non toca ni atañe facerle a ninguno, cuanto más a tan altas doncellas como vuestras presencias demuestran.

»Mirábanle las mozas, y andaban con los ojos buscándole el rostro, que la mala visera le encubría; mas como se oyeron llamar doncellas, cosa tan fuera de su profesión, no pudieron tener la risa, y fue de manera que don Quijote vino a enojarse, y a decirles:

»—Bien parece la mesura en las fermosas, y es mucha sandez, además, la risa que de leve causa procede; pero non vos lo digo porque os acuitedes ni mostredes mal talante; que el mío no es de al que de serviros.

»El lenguaje, no entendido de las señoras, y el mal talle de nuestro caballero acrecentaba en ellas la risa, y en él el enojo, si pasara muy adelante si en aquel punto no saliera el ventero, hombre que, por ser muy gordo, era muy pacífico, el cual, viendo aquella figura contrahecha, armada de armas tan desiguales como eran la brida, lanza, adarga y corselete, no estuvo en nada acompañar a las doncellas, en las muestras de su contento. Mas, en efecto, temiendo la máquina de tantos pertrechos, determinó de hablarle comedidamente, y así le dijo:

»—Si vuesa merced, señor caballero, busca posada, amén del lecho (porque en esta venta no hay ninguno), todo lo demás se hallará en ella en mucha abundancia.

»Viendo don Quijote la humildad del alcaide de la fortaleza, que tal le pareció a él el ventero y la venta, respondió:

»—Para mí, señor castellano, cualquiera cosa basta, porque mis arreos son las armas, mi descanso el pelear, etcétera.

»Pensó el ventero que el haberle llamado castellano había sido por haberle parecido de los sanos de Castilla, aunque él era andaluz, y de los de la playa de Sanlúcar, no menos ladrón que Caco, ni menos maleante que estudiante o paje, y así le respondió

»—Según eso, las camas de vuesa merced serán duras peñas, y su dormir, siempre velar; y siendo así, bien se puede apear, con seguridad de hallar en esta choza ocasión y ocasiones para no dormir en todo un año, cuanto más en una noche.»

Don Quijote, una vez armado caballero por el ventero y las mozas vive sus primeras aventuras para cumplir su alta misión y para lograr el amor de Dulcinea del Toboso, la dama de sus pensamientos. Pero como a todo caballero andante le hace falta un escudero, regresa a su casa y consigue los servicios de un labriego de su aldea: Sancho Panza.

El labriego, tentado por las promesas de su nuevo señor, determinó salirse con él y servirle de escudero.

«—Has de saber, amigo Sancho, que fue costumbre muy usada de los caballeros andantes antiguos hacer gobernadores a sus escuderos, de las ínsulas o reinos que ganaban, y yo tengo determinado de que por mí no falte tan agradecida usanza; antes pienso aventajarme en ella; porque ellos algunas veces, y quizá las más, esperaban a que sus escuderos fuesen viejos, y ya después de hartos de servir y de llevar malos días y peores noches, les daban algún título de conde, o por lo mucho, de marqués, de algún valle o provincia de poco más o menos; pero si tú vives y yo vivo, bien podría ser que antes de seis días ganase yo tal reino, que tuviese otros a él adherentes, que viniese de molde para coronarte por rey de uno dellos. Y no lo tengas a mucho, que cosas y casos acontecen a los tales caballeros, por modos tan nunca vistos ni pensados, que con facilidad te podría dar aún más de lo que te prometo.

»—De esa manera —respondió Sancho Panza—, si yo fuese rey por algún milagro de los que vuesa merced dice, por lo menos, Juana Gutiérrez, mi oíslo, vendría a ser reina y mis hijos infantes.

»—Pues ¿quién lo duda?

»—Yo lo dudo —replicó Sancho Panza—: porque tengo para mí que, aunque lloviese Dios reinos sobre la tierra, ninguna corona asentaría bien sobre la cabeza de Mari Gutiérrez. Sepa, señor, que no vale dos maravedís como reina; condesa le caerá mejor, y aun Dios y ayuda.

»—Encomiéndalo tú a Dios, Sancho —respondió don Quijote—, que él le dará lo que más le convenga; pero no apoques tu ánimo tanto, que te tengas que contentar con menos que con ser adelantado.

»—No lo haré, señor mío —respondió Sancho—, y más teniendo tan principal amo en vuesa merced, que me sabrá dar todo aquello que me esté bien y yo pueda llevar.

»—En esto descubrieron treinta o cuarenta molinos de viento que hay en aquel campo, y así como don Quijote los vio, dijo a su escudero:

»—La ventura va guiando nuestras cosas mejor de lo que acertáramos a desear; porque ves allí, amigo Sancho Panza, donde se descubren treinta, o pocos más, desaforados gigantes, con quien pienso hacer batalla y quitarles a todos las vidas, con cuyos despojos comenzaremos a enriquecer, que esta es buena guerra, y es gran servicio de Dios quitar tan mala simiente de sobre la faz de la tierra.

»—¿Qué gigantes? —dijo Sancho Panza.

»—Aquellos que allí ves —respondió su amo— de los brazos largos, que los suelen tener algunos de casi dos leguas.

»—Mire vuesa merced —respondió Sancho— que aquellos que allí se

SI ESCRIBIESE UN LIBRO EN EL QUE PUSIERA TODOS MIS SUEÑOS FRUSTRADOS, ESTOS LLENARÍAN CIENTOS DE PÁGINAS... Y, PENSÁNDOLO BIEN, ¿POR QUÉ NO HACERLO?... ¿POR QUÉ NO MEZCLAR MI IDEAL DE JUSTICIA CON LA REALIDAD QUE IMPERA EN EL MUNDO?
Y ASÍ DÁNDOLE VUELTAS A SU IMAGINACIÓN, EL PRESO EMPEZÓ A RECORDAR LAS ESCENAS VIVIDAS ATRIBUYÉNDOLAS A DOS PERSONAJES QUE ACABABA DE CREAR SU MENTE...
EL NOBLE SOÑADOR SERÁ LARGUIRUCHO Y MACILENTO, TODO IDEALES Y LOCURA.
Y CON ÉL ESTARÁ EL SOCARRÓN ESCUDERO, CAPAZ DE ENDILGAR SARTAS DE REFRANES Y DE RAZONAR COMO UN BUEN PALURDO.
¡ESTA SERÁ LA OBRA QUE ESCRIBA CUANDO SALGA DE MI ENCIERRO! ¡LA HISTORIA DE UN HIDALGO INGENIOSO AL QUE VOLVIERON LOCO LOS LIBROS DE CABALLERIAS! ¡LA HISTORIA DE DON QUIJOTE Y DE SU ESCUDERO SANCHO PANZA!

aparecen no son gigantes, sino molinos de viento, y lo que en ellos parecen brazos, son las aspas, que, volteadas del viento, hacen andar la piedra del molino.

»—Bien parece —respondió don Quijote— que no estás cursado en esto de las aventuras: ellos son gigantes; y si tienes miedo, quítate de ahí, y ponte en oración en el espacio que yo voy a entrar con ellos en fiera y desigual batalla.

»Y diciendo esto, dio de espuelas a su caballo Rocinante, sin atender a las voces que su escudero Sancho le daba, advirtiéndole que, sin duda alguna, eran molinos de viento y no gigantes aquellos que iba a acometer. Pero él iba tan puesto en que eran gigantes, que ni oía las voces de su escudero, ni echaba de ver, aunque estaba ya bien cerca, lo que eran; antes iba diciendo en voces altas:

»—Non fuyades, cobardes y viles criaturas; que un solo caballero es el que nos acomete.»

Maltrecho queda don Quijote por las aspas de los molinos como quedó maltrecho Miguel, en la realidad de la vida, por los desdenes y burlas de sus falsos amigos y valedores.

«—¡Válame Dios! —dijo Sancho—. ¿No le dije yo a vuesa merced que mirase bien lo que hacía, que no eran sino molinos de viento, y no lo podía ignorar sino quien llevase otros tales en la cabeza?

»—Calla, amigo Sancho —respondió don Quijote—; que las cosas de la guerra, más que otras, están sujetas a continua mudanza; cuanto más que yo pienso, y así es verdad, que aquel sabio Frestón que me robó el aposento y los libros ha vuelto estos gigantes en molinos para quitarme la gloria de su vencimiento: tal es la enemistad que me tiene; mas al cabo al cabo, han de poder poco sus malas artes contra la bondad de mi espada.»

Miguel de Cervantes detiene el raudal de sus pensamientos cuando el sol del atardecer pone una luz dorada en los barrotes de la ventana de su celda.

Su estancia en la cárcel se prolonga por espacio de varios meses, desde septiembre hasta primeros de diciembre del año 1597.

Por fin, demostrada su buena fe, el juez Vallejo decreta su libertad.

—¡Albricias, señor Cervantes! —le dice el carcelero—. Llegó la orden de dejaros en libertad, pues se ha reconocido vuestra inocencia.

—¡Bien venida la libertad —exclama Cervantes—, aunque llegue con retraso, que si vuela como águila, al preso, por desgracia, le parece vuelo de gorrión!

—No parecéis muy contento —se extraña el carcelero.

—¿Cuándo puedo salir? —pregunta Cervantes.
—¡Ahora mismo! Tengo orden de que esta noche ya no durmáis en la cárcel.
—¿Y dónde dormiré, entonces? No tengo amigos ni dinero para alquilar una habitación en la más humilde posada.

El carcelero, compadecido de él, le entrega unas monedas.

—Tomad —le dice—. Poco es lo que tengo, señor Cervantes, pero aceptadlo porque os lo ofrezco de corazón.

GRACIAS A SU FÉRTIL IMAGINACIÓN EL TIEMPO DEL ENCIERRO SE LE HIZO MUCHO MAS CORTO, AUNQUE NO POR ELLO DEJÓ DE PESARLE EN EL ALMA.

SER CAUTIVO EN ARGEL FUE TIMBRE DE GLORIA PARA MÍ, PERO ESTA PRISIÓN ES DESHONRA PARA MI APELLIDO.

TRES MESES PERMANECIÓ CERVANTES EN LA CÁRCEL HASTA QUE UN DÍA...

¡ALBRICIAS!¡LLEGÓ LA ORDEN DE DEJAROS EN LIBERTAD! ¡SE RECONOCE VUESTRA INOCENCIA!

¡BIENVENIDA LA LIBERTAD AUNQUE LLEGUE CON RETRASO, QUE SI VUELA COMO ÁGUILA, AL PRESO LE PARECERÁ VUELO DE GORRIÓN!

¿Y CUANDO PUEDO PARTIR?

AHORA MISMO. LA ORDEN QUE TENGO ES QUE ESTA NOCHE NO DURMÁIS YA EN LA CÁRCEL.

¿Y DÓNDE DORMIRÉ, SI NO TENGO DINERO NI AMIGOS?

POCO ES LO QUE TENGO, SEÑOR CERVANTES, PERO ACEPTADLO PORQUE OS LO OFREZCO DE CORAZÓN. ESTAS POCAS MONEDAS OS PERMITIRÁN ALQUILAR UNA CAMA Y CENAR A GUSTO.

CERVANTES ESTRECHÓ LA MANO DEL CARCELERO Y TAMBIÉN LAS DE QUIENES HABÍAN SIDO SUS COMPAÑEROS DE CÁRCEL, SALIENDO DESPUÉS DE ÉSTA PARA SEGUIR FIEL AL DESTINO QUE YA SE HABÍA FORJADO.

INMEDIATAMENTE EL ESCRITOR SE APLICÓ A LA TAREA Y DIO COMIENZO A LA NOVELA QUE HABÍA DE HACERLE MUNDIALMENTE FAMOSO.

EN UN LUGAR DE LA MANCHA DE CUYO NOMBRE NO QUIERO ACORDARME...

AHORA QUE HE VUELTO A SER LIBRE, DARÉ RIENDA SUELTA A MI IMAGINACIÓN Y DON QUIJOTE Y SANCHO SE OCUPARÁN DE DARME FAMA.

...PLASMANDO TAMBIÉN EN AQUELLAS PÁGINAS LAS AGUDEZAS DEL ESCUDERO SANCHO PANZA, DEL QUE SE DIRÍA FUE MODELO DE FIDELIDAD Y DE CORDURA.

A MEDIDA QUE PASABAN LOS DÍAS, CERVANTES LLENABA MÁS Y MÁS PÁGINAS CON LAS FANTÁSTICAS AVENTURAS DE DON QUIJOTE... AL QUE ARMÓ CABALLERO EN UNA VENTA...

MIRE VUESTRA MERCED QUE AQUELLOS NO SON GIGANTES SINO MOLINOS DE VIENTO, Y LO QUE EN ELLOS PARECEN BRAZOS SON LAS ASPAS, QUE VOLTEADAS DEL VIENTO, HACEN ANDAR LAS PIEDRAS DEL MOLINO.

DIOS DÉ A VUESTRA MERCED VENTURA EN SUS LIDES.

169

¡NON FUYADES, COBARDES Y VILES CRIATURAS, QUE UN SOLO CABALLERO ES EL QUE OS ACOMETE!
¡AAAAH!
¡MI AMO!
¿NO LE DIJE A VUESTRA MERCED QUE MIRASE BIEN LO QUE HACÍA, QUE NO ERAN SINO MOLINOS DE VIENTO, Y NO LO PODÍA IGNORAR SINO QUIEN LLEVASE OTROS EN LA CABEZA?
CALLA, AMIGO SANCHO... EL SABIO FRESTON HA VUELTO ESTOS GIGANTES EN MOLINOS, POR QUITARME LA GLORIA DE SU VENCIMIENTO.

LA LIBERTAD

1

Miguel recogió sus pertenencias, entre las que estaban algunos papeles, y se despidió con la mirada de los fríos y desconchados muros que, durante su largo encierro, habían sido su hogar.

Está libre, pero tiene que presentarse en Madrid para responder todavía de algunos cargos.

Sin embargo, se obstina en permanecer en Sevilla, donde aquel tibio sol invernal le parece un don maravilloso para sus ya viejos y ateridos huesos.

Su desdichada actuación como comisario de requisas le cierran, con más razón que antes, los caminos de nuevos cargos.

Empieza a escribir sin descanso. Todas las escenas del gran libro que había imaginado en la cárcel van tomando forma sobre el papel.

«La del alba sería cuando don Quijote salió de la venta, tan contento, tan gallardo, tan alborozado por verse ya armado caballero, que el gozo le reventaba por las cinchas del caballo...»

«... ayudándole a levantar, tornó a subir sobre Rocinante, que medio despaldado estaba. Y, hablando en la pasada aventura, siguieron el camino del Puerto Lápice, porque allí decía don Quijote que no era posible dejar de hallarse muchas y diversas aventuras, por ser lugar muy pasajero, sino que iba muy pesaroso por haberle faltado la lanza...»

«—A la mano de Dios —dijo Sancho—; yo lo creo todo así como vuesa merced lo dice; pero enderécese un poco, que parece va de medio lado, y debe ser del molimiento de la caída.

»—Así es la verdad —respondió don Quijote—; y si no me quejo del dolor es porque no es dado a los caballeros andantes quejarse de herida alguna, aunque se le salgan las tripas por ella.

»—Si eso es así, no tengo yo que replicar —respondió Sancho—; que sabe Dios si yo me holgara que vuesa merced se quejara cuando alguna cosa le doliera. De mí sé decir que me he de quejar del más pequeño dolor que tenga, si ya no se entiende también con los escuderos de los caballeros andantes eso del no quejarse.»

No se queja Miguel de Cervantes de su malaventura ni de todas las injusticias que con él se han hecho. Ya nada espera de aquellos que suponía sus amigos. Ni invoca sus méritos pasados para solicitar un empleo que le libre de la miseria, ni pierde el tiempo en antesalas y pasillos.

Los poderosos, los que tienen en sus manos los empleos, oficios y privanzas del reino, nada quieren saber de él. Ni siquiera le prometen la gobernación de una ínsula imaginaria, como ha hecho el generoso don Quijote con su escudero.

«—Sea vuestra merced servido, señor don Quijote mío, de darme el gobierno de la ínsula que en esta rigurosa pendencia se ha ganado; que por grande que sea, yo me siento con fuerzas de saberla gobernar tal y tan bien como otro que haya gobernado ínsulas en el mundo.

»—Advertid, hermano Sancho —respondió don Quijote—, que esta aventura y las a ésta semejantes no son aventuras de ínsulas, sino de encrucijadas; en las cuales no se gana otra cosa que sacar rota la cabeza, o una oreja menos. Tened paciencia; que aventuras se ofrecerán donde no solamente os pueda hacer gobernador, sino más adelante.»

Cervantes hace que su famoso personaje cumpla su promesa. Sancho Panza, aunque por vía indirecta y con credenciales de burla y motivaciones de chanza, llega a gobernador de la isla Barataria. El buen escudero recibe el gobierno de la ínsula y, además, los valiosos consejos de su amo:

«—En lo que toca a cómo has de gobernar tu persona y casa, Sancho, lo primero que te encargo es que seas limpio, y que te cortes las uñas sin dejarlas crecer, como algunos hacen, a quien su ignorancia les ha dado a entender que las uñas largas les hermosean las manos, como si aquel excremento o añadidura que se dejan de cortar fuese uña, siendo antes garra de cernícalo lagartijero: puerco y extraordinario abuso.

»No andes, Sancho, desceñido y flojo; que el vestido descompuesto da indicios de ánimo desmazalado, si ya la descompostura y flojedad no cae debajo de socarronería, como se juzgó en la de Julio César.

»Toma con discreción el pulso a lo que pudiere valer tu oficio, y si sufriere que des librea a tus criados, dásela honesta y provechosa más que vistosa y bizarra, y repártela entre tus criados y los pobres: quiero decir que si has de vestir seis pajes, viste tres y otros tres pobres, y así tendrás pajes para el cielo y para el suelo; y este nuevo modo de dar librea no le alcanzan los vanagloriosos.

»No comas ajos ni cebollas, porque sacan por el olor tu villanería.

»Anda despacio; habla con reposo; pero no de manera que parezca que te escuchas a ti mismo; que toda afectación es mala.

»Come poco y cena más poco; que la salud de todo el cuerpo se fragua en la oficina del estómago.

»Sé templado en el beber, considerando que el vino demasiado ni guarda secreto ni cumple palabra.

»Ten cuenta, Sancho, de no mascar a dos carrillos, ni de eructar delante de nadie.

»—Eso de eructar no entiendo —dijo Sancho.

»—Eructar, Sancho, quiere decir "regoldar", y éste es uno de los más torpes vocablos que tiene la lengua castellana, aunque es muy significativo; y así, la gente curiosa se ha acogido al latín, y al "regoldar" dice "eructar", y a los "regüeldos", "eructaciones"; y como algunos no entienden estos términos, importa poco; que el uso los irá introduciendo con el tiempo, que con facilidad se entiendan; y esto es enriquecer la lengua, sobre quien tiene poder el vulgo y el uso.

»—En verdad, señor —dijo Sancho—, que uno de los consejos y avisos que pienso llevar en la memoria ha de ser el de no regoldar, porque lo suelo hacer muy a menudo.

»—Eructar, Sancho; que no regoldar —dijo don Quijote.

»—Eructar diré de aquí adelante —respondió Sancho—, y a fe que no se me olvide.

»—También, Sancho, no has de mezclar en tus pláticas la muchedumbre de refranes que sueles, que puesto que los refranes son sentencias breves, muchas veces los traes tan por los cabellos, que más parecen disparates que sentencias.

»—Eso Dios lo puede remediar —respondió Sancho—: porque sé más refranes que un libro, y viénenseme tantos juntos a la boca cuando hablo, que riñen por salir, unos con otros; pero la lengua va arrojando los primeros que encuentra, aunque no vengan a pelo; mas yo tendré cuenta de aquí adelante de decir los que convengan a la gravedad de mi cargo; que en casa llena, presto se guisa la cena; y quien destaja no baraja; y a buen salvo está el que repica; y el dar y el tener seso ha menester.

»—¡Eso sí, Sancho! —dijo don Quijote—. ¡Encaja, ensarta, enhila refranes; que nadie te va a la mano! ¡Castígame mi madre y yo trómpogelas! Estoite diciendo que excuses refranes, y en un instante has echado aquí una letanía dellos que así cuadran con lo que vamos tratando como por los cerros de Úbeda. Mira, Sancho, no te digo yo que parece mal un refrán traido a propósito; pero cargar y ensartar refranes a troche moche hace la plática desmayada y baja.

»Cuando subieres a caballo, no vayas echando el cuerpo sobre el arzón postrero, ni lleves las piernas tiesas y tiradas y desviadas de la barriga del caballo, ni tampoco vayas tan flojo que parezca que vas sobre el rucio; que el andar a caballo a unos hace caballeros; a otros, caballerizos.

»Sea moderado tu sueño; que el que no madruga con el sol no goza del día; y advierte, ¡oh, Sancho!, que la diligencia es madre de la buena ventura; y la pereza, su contraria, jamás llegó al término que pide un buen deseo.

»Este último consejo que ahora darte quiero, puesto que no sirve para adorno del cuerpo, quiero que lo lleves muy en la memoria, que creo que no te será de menos provecho que los que hasta aquí te he dado: y es que jamás te pongas a disputar de linajes, a lo menos comparándolos entre sí, pues, por fuerza, en los que se comparan uno ha de ser el mejor, y del que abatieres serás aborrecido, y del que levantares, en ninguna manera premiado.

»Tu vestido será calza entera, ropilla larga, herreruelo un poco más largo; gregüescos, ni por pienso; que no les está bien ni a los caballeros ni a los gobernadores.

»Por ahora, eso se me ha ofrecido, Sancho, de aconsejarte; andará el tiempo, y según las ocasiones, así serán mis documentos, como tú tengas cuidado de avisarme el estado en que te hallares.

»—Señor —respondió Sancho—, bien veo que todo cuanto vuesa merced me ha dicho son cosas buenas, santas y provechosas; pero ¿de qué han de servir, si de ninguna de ellas me acuerdo? Verdad sea que aquello de no dejarme crecer las uñas y de casarme otra vez, si se ofreciere, no se me pasará del magín; pero esotros badulaques y enredos y revoltillos, no se me acuerda ni acordará más dellos que de las nubes de antaño, y así, será menester que se me den por escrito; que puesto que no sé leer ni escribir, yo se los daré a mi confesor para que me los encaje y recapacite cuando fuere menester.

»—¡Ah, pecador de mí —respondió don Quijote—, y que mal parece en los gobernadores el no saber leer ni escribir! Porque has de saber, ¡oh, Sancho!, que no saber un hombre leer, o ser zurdo, arguye una de dos cosas: o que fue hijo de padres demasiado humildes y bajos, o él tan travieso y malo, que no pudo entrar en él el buen uso y la buena doctrina. Gran falta es la que llevas contigo, y así querría que aprendieses a firmar siquiera.

»—Bien sé firmar mi nombre —respondió Sancho—; que cuando fui prioste en mi lugar, aprendí a hacer unas letras como de marca de fardo, que decían mi nombre; cuanto más, que tengo tullida la mano derecha, y haré que firme otro por mí; que para todo hay remedio, si no es para la muerte; y teniendo yo el mando y el palo, haré lo que quisiere; cuanto más que el que tiene el padre alcalde... Y siendo yo gobernador, que es más que ser alcalde, ¡llegaos, que la dejan ver! No, sino popen y calóñenme; que vendrán por lana, y volverán trasquilados; y a quien Dios quiere bien, la casa le sabe; y las necedades deljrico por sentencias pasan en el mundo; y siéndolo yo, siendo gobernador y juntamente liberal, como lo pienso ser, no habrá falta que se me parezca. No, sino haceros miel, y paparos han moscas; tanto vales cuanto tienes, decía una mi agüela; y del hombre arraigado no te verás vengado.

»—¡Oh, maldito seas de Dios, Sancho! ¡Sesenta mil satanases te lleven a ti y a tus refranes! Una hora ha que los estás ensartando, y dándome con cada uno tragos de tormento. Yo te aseguro que estos refranes han de llevarte algún día a la horca; por ellos han de quitarte el gobierno tus vasallos, o ha de haber entre ellos comunidades. Dime ¿dónde los hallas, ignorante, o cómo los aplicas, mentecato, que para decir yo uno y aplicarlo bien, sudo y trabajo como si cavase?

»—Por Dios, señor nuestro amo —replicó Sancho—, que vuesa merced se queja de bien pocas cosas. ¿A qué diablos se pudre de que yo me sirva de mi hacienda, que ninguna otra tengo, ni otro caudal alguno, sino refranes y más refranes? Y ahora se me ofrecen cuatro, que venían aquí pintiparados, o como peras en tabaque; pero no los diré, porque al buen callar llaman Sancho.

»—Ese Sancho no eres tú —dijo don Quijote—; porque no sólo no eres buen callar sino mal hablar y mal porfiar...»

2

Miguel de Cervantes, mientras trabaja en el libro que ha de llevarle a la fama, toma parte en algunos certámenes poéticos, y obtiene el primer premio en el que se celebró en Zaragoza con motivo de las fiestas de la canonización de San Jacinto. El premio consistió en tres cucharas de plata; lo que no deja de ser ciertamente irónico, si se tiene en cuenta los apuros que, para poder comer, pasaba nuestro héroe.

—Espero conseguir algunos dineros con ellas —se dijo Cervantes—. Con el importe de su venta, mi sopa está asegurada durante varios días, aunque tenga que tomarla con cuchara de palo.

Miguel, aunque era bien recibido en reuniones y tertulias literarias, siendo su nombre cada día más conocido, lo cierto era que pasaba hambre.

Ciertos pasajes del libro que estaba escribiendo eran muy celebrados cuando su autor los leía a sus amigos.

—Por favor, señor Cervantes —le dijeron cierta tarde en que a la reunión habían asistido algunos caballeros y damas principales—, volved a leernos ese capítulo que trata de la estancia de Don Quijote en Sierra Morena.

—Sí, sí —rogó una de las damas—, que aunque nos cause envidia la sin par Dulcinea del Toboso, al ser amada con tanta devoción y locura, nos holgamos con las gracias y extravagancias que tan rendido caballero ejecutó por su causa.

Miguel empezó a leer, complacido, el pasaje por todos solicitado.

«—Por vida de mi padre —dijo Sancho en oyendo la carta—, que es la más alta cosa que jamás he oído. ¡Voto a mí, y cómo le dice vuesa merced ahí todo cuanto quiere, y qué bien encaja en la firma El Caballero de la Triste Figura! Digo de verdad que es vuesa merced el mismo diablo y que no hay cosa que no sepa.

»—Todo es menester —respondió don Quijote— para el oficio que trayo.

»—Ea, pues —dijo Sancho—, ponga vuesa merced en esotra vuelta la cédula de los tres pollinos y fírmela con mucha claridad, porque la conozcan en viéndola.

»—Que me place —dijo don Quijote.

»Y habiéndola escrito, se la leyó, que decía ansí:

»Mandará vuesa merced, por esta primera de pollinos, señora sobrina, dar a Sancho Panza, mi escudero, tres de los cinco que dejé en casa y están a cargo de vuesa merced. Los cuales tres pollinos se los mando librar y pagar por otros tantos aquí recibidos de contado; que con ésta y con su carta de pago serán bien dados. Fecha en las entrañas de Sierra Morena, a veintidós de agosto de este presente año.

»—Bien está —dijo Sancho—: fírmela vuesa merced.

»—No es menester firmarla —dijo don Quijote—, sino solamente poner mi rúbrica, que es lo mismo que firma, y para tres asnos, y aun para trescientos, fuera bastante.

»—Yo me confío en vuesa merced —respondió Sancho—. Déjeme ir a ensillar a Rocinante, y aparéjese vuesa merced a echarme su bendición; que luego pienso partirme, sin ver las sandeces que vuesa merced ha de hacer, que yo diré que le vi hacer tantas, que no quiera más.

»—Por lo menos quiero, Sancho, y porque es menester ansí, quiero, digo, que me veas en cueros, y hacer una o dos docenas de locuras, que las haré en menos de media hora, porque habiéndolas tú visto por tus ojos, puedas jurar a tu salvo en las demás que quisieras añadir; y asegúrote no dirás tú tantas cuantas yo pienso hacer.

»—Por amor de Dios, señor mío, que no vea yo en cueros a vuesa merced, que me dará mucha lástima y no podré dejar de llorar; y tengo tal la cabeza, del llanto que anoche hice por el rucio, que no estoy para meterme en nuevos lloros...

»... ¿Dónde se ha de sufrir que un caballero andante tan famoso como vuesa merced se vuelva loco, sin qué ni para qué, por una...? No me lo haga decir la señora; porque por Dios que despotrique y lo eche todo a doce, aunque nunca se venda. ¡Bonico soy yo para eso! ¡Mal se conoce! ¡Pues a fe que si me conociese, que me ayunase!

»—A fe, Sancho —dijo don Quijote—, que, a lo que parece, que no estaé tú más cuerdo que yo.

»—No estoy tan loco —respondió Sancho—; mas estoy más colérico. Pero dejando esto aparte, ¿qué es lo que ha de comer vuesa merced en tanto que yo vuelvo? ¿Ha de salir al camino, como Cardenio, a quitárselo a los pastores?

»—No te dé pena este cuidado —respondió don Quijote— porque, aunque tuviera, no comiera otra cosa que las yerbas y frutos que este prado y estos árboles me dieran; que la fineza de mi negocio está en no comer y en hacer otras asperezas equivalentes...»

3

Tanto se habló en las tertulias de aquel divertido libro, que su fama acompañó a Cervantes cuando éste se trasladó a Madrid para entrevistarse con el librero Francisco de Robles.

El librero, que ha leído ya algunos capítulos, encuentra que «El Ingenioso Hidalgo Don Quijote de la Mancha» es una obra muy entretenida y de sabroso diálogo.

—Señor Cervantes —le dice Francisco de Robles—, vuestra obra me ha llenado de satisfacción. Hay en ella algo más que una ilación de cómicas desventuras. Tal vez vos no os habéis dado cuenta, pero es la obra de un genio.

—Entonces, ¿aceptáis editar mi libro?

—Sí, por cierto.

—¡Loado sea Dios!

En tertulias literarias y en reuniones de amigos fue leyendo Cervantes algunos pasajes de su libro...

...De ese modo no es cordura querer curar la pasión, cuando los remedios son muerte, mudanza y locura.

Tanto se hablaba del libro, de las divertidas aventuras que en él habían y de la aguda manera con que se describía la realidad que apenas estuvo terminado lo leyó el editor Robles y...

Señor Cervantes, vuestro libro me ha llenado de satisfacción.

¿Entonces, ¿aceptáis editarlo?

Gracias, señor Cervantes. Ahora tomad este dinero a cuenta. Ya veréis como antes de seis meses lo habéis doblado.

Nuestro libro saldrá en seguida a la calle y, o mucho me equivoco, o antes de un año habremos agotado ya diez ediciones por lo menos.

¡Que Dios os escuche!

En ese caso, si tanto confiais en mi hijo... os autorizo a que lo publiquéis en Castilla.

No erró en sus cálculos el editor pues el público acogió la novela del Quijote con tanto entusiasmo que en menos de un año se agotaron seis ediciones, y el once de abril de 1605 Cervantes tuvo que hacer extensivos los poderes concedidos a Robles para que se publicase también en los reinos de Aragón, Valencia y Cataluña, además de perseguir las ediciones clandestinas.

—Lo imprimiré inmediatamente para que salga en seguida a la calle. Y, o mucho me equivoco, o antes de un año habremos agotado varias ediciones.

—En tal caso, si tanto confiáis en el hijo de mi ingenio, os autorizo a que lo publiquéis en toda Castilla.

Miguel de Cervantes, desde Valladolid, donde se había trasladado en 1603 se dedicó a pulir y a poner en limpio la primera parte de su obra.

En Madrid, antes de que el impresor Cuesta lo entrara en sus máquinas, ya se habla de «El Quijote» en todos los corrillos literarios.

Es ahora, en la madurez que ya declina, cuando alcanza el éxito y la fama que tanto había esperado, aunque por otros caminos.

Pero no todo son elogios.

> *De poetas no digo buen siglo es éste: muchos están en cierne para el año que viene, pero ninguno tan malo como Cervantes, ni tan necio que alabe a Don Quijote.*

Eso escribe Lope de Vega a un amigo suyo.

El libro, como era costumbre en aquellos tiempos, va dedicado a una alta personalidad: el duque de Béjar:

«En fe del buen recogimiento y honra que hace Vuestra Excelencia a toda suerte de libros, como príncipe tan inclinado a favorecer las buenas artes, mayormente las que por su nobleza no se abaten al servicio y granjerías del vulgo, he determinado de sacar a luz «El Ingenioso Hidalgo Don Quijote de la Mancha» al abrigo del clarísimo nombre de Vuestra Excelencia, a quien con el acatamiento que debo a tanta grandeza, suplico le reciba agradablemente en su protección...»

Pero es precisamente entre el vulgo, entre la gente sencilla, donde el libro tiene más éxito. En menos de un año se agotaron seis ediciones. Y en 1605, Miguel extendió poderes al librero Robles para que El Quijote pudiera publicarse en los reinos de Aragón, Valencia y Cataluña.

4

Por aquellas fechas llegó a España el almirante Howard, el mismo que dispersó los restos de la Armada Invencible.

—¡Qué cambiada está mi patria! —exclamó Cervantes al ver que el pueblo de Madrid acoge con entusiasmo al jefe de la embajada inglesa

CERVANTES NO PUDO CONTAR CON LA APROBACIÓN DE POETAS Y LITERATOS, ENVIDIOSOS DEL DESPERTAR DEL NUEVO GENIO.
¡BAH! EL QUIJOTE NO ES MÁS QUE UNA NOVELUCHA "ENGAÑABOBOS"!
ESE CERVANTES APENAS SABE VERSIFICAR.
PERO SÍ RECIBIÓ EL HOMENAJE DE LA ADMIRACIÓN POPULAR, HACIENDO QUE SU NOMBRE LLEGASE A TODOS LOS RINCONES DEL IMPERIO.
MIRA, HIJO. ESE ES EL CELEBRE CERVANTES.
¡OH! ¡EL AUTOR DE DON QUIJOTE!
FUE EN AQUELLAS FECHAS CUANDO LLEGÓ A ESPAÑA EL ALMIRANTE HOWARD PARA FIRMAR LA PAZ ENTRE ESPAÑA E INGLATERRA, SIENDO ACOGIDO CON MUESTRAS DE ENTUSIASMO.
¡BIEN VENIDO A MADRID!
¡QUÉ CAMBIADA ESTÁ MI ESPAÑA! DESPUÉS DEL DESASTRE EN LA BATALLA AHORA SE DÁN FIESTAS Y CORRIDAS DE TOROS EN HONOR DEL ENEMIGO QUE NOS VENCIÓ.

que llega a firmar la paz—. Después del desastre de la batalla, ahora se anuncian fiestas y corridas de toros para festejar al enemigo que nos derrotó.

Cierta noche, mientras Miguel estaba ocupado en corregir unos papeles del nuevo libro que estaba preparando, unos gritos de auxilio resonaron en la calle.

—¡Favor! ¡Ayuda!

Un hombre yace herido en la calle y Miguel, ayudado por su hermana Andrea y por su esposa doña Catalina entran el desventurado en la casa.

—¡Confesión! ¡Confesión! —solicitó el herido.

El moribundo, que era don Gaspar de Espeleta, había recibido dos heridas mortales, y más que del cirujano, necesitaba en verdad del confesor.

Don Gaspar murió al cabo de dos días, sin que dijera de quién había recibido las heridas.

—¿Quién ha sido el causante de todo este alboroto? —había preguntado el jefe de la ronda la primera noche.

Cervantes hizo pasar al alguacil para que pudiera tomar declaración al hombre que estaba tendido en la cama.

—Decid vuestro nombre y las circunstancias en que fuisteis herido —preguntó el representante de la ley.

—Me llamo Gaspar de Espeleta —respondió el moribundo con voz débil.

—¿Qué os ocurrió?

—Venía de cenar en casa de unos amigos, cuando un hombre me salió al paso y...

—Proseguid —le animó el alguacil.

—Un hombre se interpuso en mi camino y me atacó sin casi mediar palabra.

—¿Quién era ese hombre? —preguntó el jefe de la ronda, dispuesto a llegar al fin de la cuestión.

—No lo sé —respondió el herido—. La calle estaba muy oscura y no pude verle el rostro.

—¿Decís que no os habló?

—Sólo unas palabras.

—¿Qué os dijo?

—Me preguntó a dónde iba.

—¿No os preguntó vuestro nombre?

—No —respondió el herido.

—Entonces, cabe suponer que os conocía.

EL PATRIOTA CERVANTES SE RETIRÓ A SU CASA SIN QUERER PARTICIPAR EN ALGO QUE CONSIDERABA DESHONROSO PARA EL BUEN NOMBRE DE LA NACIÓN. Y EN ELLA ESTABA LA NOCHE DEL 27 DE JUNIO...
¡AUXILIO! ¡AYUDA!
¿EH?
¿NO HABRÁ QUIEN SOCORRA... A UN CABALLERO HERIDO?
YA ACUDIMOS, SEÑOR.
AYÚDEME, GARIBAY. LE ENTRAREMOS EN MI CASA.
¡PREPARE UNA CAMA, DOÑA LUISA!
ESTE HOMBRE ESTÁ MUY MAL. CONVENDRÍA AVISAR A UN MÉDICO... Y TAMBIÉN A LAS AUTORIDADES. SI SE MUERE AQUÍ TENDREMOS COMPLICACIONES.
AL POCO RATO, LUEGO QUE EL MÉDICO HUBO ATENDIDO AL HERIDO, LLEGARON LOS HOMBRES DE LA RONDA.
¿QUIÉN HA SIDO EL CAUSANTE DE TODO ESTE ALBOROTO? ¿DÓNDE ESTÁ?
PASAD, SEÑOR ALGUACIL, QUE ESTÁ EN CAMA.

—¡Tal vez!

—Todo esto es muy extraño.

—Excusadme —intervino Miguel, viendo con qué dificultad respondía el herido a las preguntas—. Este hombre está muy mal. ¿No podríais aplazar vuestras diligencias?

—¿Qué interés tenéis en ello?

—Ninguno —respondió Miguel.

—Entonces, dejadme proseguir.

Pero el herido, perdido el conocimiento, no pudo decir nada más.

En los bolsillos del muerto, el alcalde Villarroel encontró ciertos papeles que, por una razón que se desconoce, no aparecieron más tarde durante el proceso.

Inesperadamente, por ciertas declaraciones de testigos y alusiones mal intencionadas, el juez decreta el encarcelamiento de Miguel de Cervantes.

—No es frecuente que se dé asilo a un desconocido —dice el juez.

—Lo mismo pienso yo, excelencia —asegura uno de sus aduladores ayudantes.

—Esa gente oculta algo.

—Sí, excelencia.

—Detened a ese Miguel de Cervantes y a todos sus familiares.

—Bien, señoría.

—¡Y también a los vecinos!

—Sí, excelencia.

—En una palabra, a todos los que tuvieron algo que ver con el triste suceso que acabó con la vida de don Gaspar de Espeleta.

Miguel de Cervantes, pues, entró de nuevo en la cárcel.

—¿Qué ocurre? —preguntan algunos cuando los corchetes se llevan a los detenidos.

—Dicen que han matado a un caballero por la espalda —responde quien parece estar enterado de todo.

Y añade:

—Le atacaron a traición, utilizando a esas mujeres como cebo.

Por fortuna, esta vez, la estancia de Miguel de Cervantes en la prisión no fue muy larga. El enredado proceso, si bien dejó en libertad a todos los detenidos, nada aclaró sobre la identidad de los verdaderos culpables.

DECID VUESTRO NOMBRE Y CIRCUNSTANCIAS EN QUE FUISTEIS HERIDO.
ME LLAMO GASPAR DE EZPELETA Y VENÍA DE CENAR EN CASA DE MI AMIGO EL MARQUÉS DE FALCES, CUANDO UN HOMBRE ME SALIO AL PASO... PREGUNTANDO A DONDE IBA...
VOY A DONDE ME IMPORTA, QUE NO A VOS.
PUES PORQUE SÍ ME IMPORTA OS LO PREGUNTO. CONTESTAD A FÉ DE QUIEN SOY QUE OS ARRANCARÉ LA LENGUA.
¡VEREMOS QUIEN CORTA A QUIEN LA LENGUA!
"ÉL FUE MÁS HÁBIL QUE YO Y CONSIGUIÓ HERIRME...
¡AY!

ENTONCES, AL OIR MIS GRITOS Y LAS VOCES DE LOS VECINOS, OPTÓ POR DARSE A LA FUGA.
SEGÚN ESO NO LE CONOCÍAIS ... NI SABEIS QUIEN ERA. ¡MAL ESTÁ EL ASUNTO PARA DAR CON ÉL!
TODAVÍA HABÍA DE ESTARLO PEOR, PUES EL HERIDO FALLECIÓ A LOS POCOS DÍAS, Y ENTONCES SE DESVIÓ EL CURSO DE LA JUSTICIA.
NO ES CORRIENTE QUE SE DÉ ASILO A UN DESCONOCIDO... ESA GENTE OCULTA ALGO.
LO MISMO PIENSO YO, SEÑORÍA.
DETENED A MIGUEL DE CERVANTES, ASÍ COMO A SUS FAMILIARES Y VECINOS, EN UNA PALABRA A TODOS CUANTOS TUVIERON ALGO QUE VER CON EL SEÑOR GASPAR DE EZPELETA.
Y SIN QUE VALIERAN PROTESTAS DE INOCENCIA, CERVANTES, ASÍ COMO SUS PARIENTES Y VECINOS, FUERON CONDUCIDOS A PRISIÓN.
DICEN QUE MATARON A UN CABALLERO POR LA ESPALDA.
SON TAN COBARDES QUE USARON A ESAS MUJERES COMO CEBO.
¿OS DAIS CUENTA COMO NO ERRÉ AL PENSAR QUE HACER BIEN NOS TRAERÍA PROBLEMAS?
SÍ, DON MIGUEL... PERO NUNCA LO HUBIESE DICHO.

EL FALSO QUIJOTE

1

En el año 1606, el rey Felipe II trasladó de nuevo la corte a Madrid, y allí marchó también Cervantes con toda su familia, estableciéndose en la calle de la Magdalena, muy cerca de los talleres de Cuesta, donde se estaba imprimiendo una nueva edición de «El ingenioso Hidalgo Don Quijote de la Mancha».

La fama de la obra ha llegado a todas las regiones; es la gloria, la gloria tan esperada.

—Podéis estar satisfecho, señor Cervantes —le dice el impresor en una de las frecuentes visitas que Miguel le hace—. Me han dicho que vuestro libro se ha traducido a otras lenguas.

—Es cierto.

—No es un caso frecuente.

—No, en efecto, y bendigo al Cielo por ello. Mi «Don Quijote» es ya conocido en toda Europa.

—¡Sois famoso!

Lo era, ciertamente, pero la fama no lo es todo. Miguel de Cervantes, aunque libre de la miseria y de las privaciones y escaseces, sigue arrastrando una cierta penuria. Su estado no es tan desesperado como en años anteriores, pero tampoco vive con excesiva holgura.

Las «Novelas Ejemplares», que aparecen en 1613, van dedicadas al conde de Lemos y obtienen un éxito tan lisonjero como el del mismo «Quijote». El librero Robles adquiere los derechos de publicación por la cantidad de mil seiscientos reales. Una cantidad que parece muy crecida, pero que no lo es tanto cuando deben atenderse deudas y atender al sustento de las mujeres de su familia.

Las ediciones se suceden, cimentando su fama, pero no su hacienda.

—¡No puedo quejarme! —exclama.

Pero la copa de sus desdichas no está colmada todavía. En el momento en que se cree compensado por el destino, cuando se siente más satisfecho una terrible noticia le llena el corazón de amargura.

Editado en Tarragona y compuesto por un tal Alonso Fernández de Avellaneda, natural de la villa de Tordesillas, aparece un libro que reza en su portada: «Segundo tomo del Ingenioso Hidalgo Don Quijote de la Mancha, que contiene su tercera salida y es la quinta parte de sus aventuras».

Un amigo le trae la mala nueva acompañada de un ejemplar del falso «Don Quijote».

—¡Don Miguel! ¡Don Miguel! —grita el recién venido, entrando en la estancia donde Miguel estaba trabajando.

—¿Qué ocurre?

—¡Vedlo vos mismo! —responde el visitante, entregándole el libro—. ¡Han plagiado vuestro «Don Quijote»!

Miguel ojea el libro y no puede ocultar su amargura:

—¡Qué ruindad la de ese escritorzuelo! —exclama—. No sólo me roba el personaje, sino que me insulta de forma despiadada.

En efecto, en el prólogo del apócrifo volumen el mencionado Avellaneda habla así de Miguel de Cervantes:

«... y pues Miguel de Cervantes es ya de viejo como el castillo de San Cervantes, y por los años tan mal contentadizo, que todo y todos le enfadan, y por ello está tan falto de amigos, que cuando quisiera adornar sus libros con sonetos campanudos, había de ahijarlos —como él dice— el Preste Juan de las Indias o al emperador de Trapisonda, por no hallar título quizás en España que no se ofendiera de que tomara su nombre en la boca...»

—¡No se saldrá con la suya! —se rebela Miguel de Cervantes—. Dice que me va a quitar la ganancia de la segunda parte de mi libro, pero no lo conseguirá: la escribiré de tal modo, que será mucho mejor que la primera.

Y Miguel se aplicó a la tarea con el mayor ardor.

—Terminaré con la carrera de mi caballero andante y le haré volver de su hermosa locura para que así triunfen las razones del cura, el barbero y el bachiller. La vulgaridad y la sensatez triunfarán, desvaneciendo los sueños de Don Quijote. Así sucede en la vida; así me ha sucedido a mí.

A la luz tenue y vacilante del candil, Miguel de Cervantes va componiendo las páginas del libro que ha de remontarse hasta las estrellas.

«Cuenta Cide-Hamete Benengeli en la segunda parte desta historia, y

NO TARDARON EN SER PUESTOS EN LIBERTAD TODOS LOS DETENIDOS, ASÍ QUE SE HUBO ECHADO SUFICIENTE TIERRA AL ASUNTO Y COMO LA CORTE SE TRASLADÓ DE NUEVO A MADRID EN 1606, ALLÁ MARCHÓ TAMBIÉN CERVANTES CON TODA SU FAMILIA.
CERVANTES FIJÓ SU MORADA EN LA CALLE DE LA MAGDALENA, DETRÁS DEL PALACIO DE PASTRANA, MUY CERCA DE LA IMPRENTA DE CUESTA DONDE ESTABA IMPRIMIÉNDOSE UNA NUEVA EDICIÓN DE SU LIBRO.
PODÉIS ESTAR CONTENTO, DON MIGUEL. ME HAN DICHO QUE VUESTRO LIBRO SE HA TRADUCIDO A OTRAS LENGUAS.
EN EFECTO. DON QUIJOTE SE CONOCE YA EN TODA EUROPA.
ENTONCES, CUANDO MÁS SEGURO ESTABA DE SÍ MISMO Y GOZABA DE LA BIEN GANADA FAMA, RECIBIÓ LA MÁS SANGRIENTA DE LAS BOFETADAS.
¡DON MIGUEL! ¡VED LO QUE TRAIGO! ¡HAY PLAGIO DE VUESTRO QUIJOTE!
¿EH?
¡DADME ESE LIBRO!
ESTÁ EDITADO EN TARRAGONA Y ES DE UN TAL AVELLANEDA.

tercera salida de Don Quijote, que el Cura y el Barbero se estuvieron casi un mes sin verle...»

»—¡Ay! —dijo a este punto la sobrina—. ¡Que me maten si no quiere mi señor volver a ser caballero andante!

»—Caballero andante he de morir, y baje o suba el Turco cuando él quisiere y cuan poderosamente pudiere; que otra vez digo que Dios me entiende.»

Pero don Quijote no morirá caballero andante, en lucha con gigantes y malandrines, sino en la cama, como corresponde a un viejo hidalgo.

«—... ya en los nidos de antaño no hay pájaros hogaño —dirá—. Yo fui loco, y ya soy cuerdo: fui Don Quijote de la Mancha, y soy agora, como he dicho, Alonso Quijano el Bueno.»

2

Y un día de febrero de 1615, con paso cansado y la espalda encorvada, el viejo soldado, que combate ahora con la pluma, se acerca a la mansión del marqués de Torres, un prócer del que esperaba protección.

—Sed bien venido, señor Cervantes —le dice el marqués.

Miguel de Cervantes, llevando debajo del brazo la segunda parte de su famoso libro, entra en la estancia donde le reciben el marqués y una alta jerarquía de la Iglesia.

—Su Ilustrísima deseaba conoceros —dijo el marqués.

—Así es —afirmó el prelado.

—Ilustrísima...

—El otro día, en casa del embajador de Francia, en una conversación donde se hablaba de arte, salió a relucir vuestro nombre.

—Me siento muy honrado, monseñor.

—Se dijo que Lope de Vega era el mejor de los poetas y vos el mejor de los novelistas.

—¡Oh!

—¿Y sabéis lo más curioso? Uno de los nobles pidió detalles de vuestra vida y...

El prelado sonrió levemente, como si le divirtiera recordar el hecho.

—Cuando le expliqué que el autor de «Don Quijote» era un antiguo soldado y un hidalgo pobre, dijo: «Si la necesidad le obligó a escribir,

¡QUÉ RUINDAD LA DE ESE ESCRITORZUELO! NO SÓLO ME ROBA EL PERSONAJE SINO QUE, ADEMÁS, ME INSULTA DESPIADADAMENTE.
¡PERO NO SE SALDRÁ CON LA SUYA! SIEMPRE FUI ENEMIGO DE SEGUNDAS PARTES, PERO AHORA ESCRIBIRÉ UNA QUE SERÁ MEJOR QUE LA PRIMERA.
DEJANDO SUS OTROS TRABAJOS A UN LADO, CERVANTES SE CONSAGRÓ POR ENTERO A LA TAREA DE ESCRIBIR LA SEGUNDA PARTE DEL QUIJOTE...
AHORA TERMINARÉ CON LA CARRERA DE MI CABALLERO. LE VOLVERÉ A SU APACIBLE CONDICIÓN Y TRIUNFARÁN EL CURA, EL BARBERO Y EL BACHILLER.
LA VULGARIDAD, LA BURLA, LA SENSATEZ DE LA VIDA TRIUNFARÁN, COMO NO PUEDEN POR MENOS DE HACERLO, COMO HAN TRIUNFADO DE MÍ... QUE TAMBIÉN ME SIENTO UN TANTO QUIJOTE.
LLEGÓ AL FIN UN DÍA DE FEBRERO DE 1615, EN QUE CON LAS ESPALDAS ENCORVADAS POR EL PESO DE LOS AÑOS, CERVANTES LLEVÓ SU LIBRO AL MARQUÉS DE TORRES PARA QUE LO APROBASE...
SED BIEN VENIDO. AQUÍ ESTÁ SU ILUSTRÍSIMA QUE DESEABA CONOCEROS.

EL OTRO DÍA, EN LA MANSIÓN DEL EMBAJADOR DE FRANCIA SE HABLÓ DE ARTE Y SI SE RECONOCIÓ LA GRANDEZA DE LOPE COMO POETA, LA DE NOVELISTA FUE PARA VOS.
MUY HONRADO...
¿Y SABEIS LO MÁS CURIOSO?... UNO DE LOS NOBLES FRANCESES PIDIÓ DETALLES DE VUESTRA VIDA Y CUANDO LE EXPLIQUÉ QUE ERAIS SOLDALDO, HIDALGO Y POBRE...
¿QUÉ DIJO, MONSEÑOR?
DIJO:..."SI LA NECESIDAD LE OBLIGÓ A ESCRIBIR, QUIERA DIOS QUE NUNCA SEA RICO, PARA QUE CON SUS OBRAS, SIENDO ÉL POBRE, ENRIQUEZCA A TODO EL MUNDO."
¡JA, JA, JA! ¡VAYA FORMA DE APRECIARME LA DE ESE HIDALGO FRANCÉS!
NO OS ENVANEZCAIS POR LO QUE VOY A DECIROS DON MIGUEL. SOIS UN GRAN ESCRITOR, VUESTRO NOMBRE PASARÁ A LA HISTORIA. PERO SEGUID COMO HASTA AHORA. DAD GRACIAS A DIOS POR HABER ENCENDIDO LA LUZ DE LA INTELIGENCIA EN VUESTRO ESPÍRITU.

quiera Dios que nunca sea rico, para que con sus obras, siendo él pobre, enriquezca a los demás».

Miguel de Cervantes sonrió también, pero con amargura.

—No os envanezcáis de vuestra fama, señor Cervantes. Seguid como hasta ahora.

—Sí, Ilustrísima.

—Vuestro nombre se cubrirá de gloria, pero recibidla con humildad.

—Todo lo he recibido de Dios —respondió Cervantes—. A él agradecí los días de duelo y dolor y también los de alegría. Si no puedo referirme a los días de riqueza, monseñor, es porque nunca los tuve.

Pero también los días de alegría se habían de terminar para él.

A poco de salir a la venta la segunda parte de «Don Quijote», Miguel empieza una obra titulada «Los trabajos de Persiles y Segismunda». La escribe ya en su lecho de enfermo y, en su prólogo, habla de su dolencia con un estudiante, tal vez imaginario, que va de Madrid a Esquivias.

«—Esta enfermedad es la hidropesía, que no la sanará toda el agua del mar Océano que dulcemente se bebiese. Vuesa merced, señor Cervantes, ponga tasa en el beber, no olvidándose de comer, que con esto sanará, sin otra medicina alguna.

»—Eso me han dicho algunos —respondí yo—; pero así puedo dejar de beber a todo mi beneplácito como si para sólo eso hubiera nacido. Mi vida se va acabando, y, al paso de la efemérides de mis pulsos, que, a más tardar, acabarán su carrera este domingo, acabaré yo la vida...»

3

Miguel de Cervantes sabe perfectamente que su fin se aproxima, y con todo, o tal vez por eso, se esfuerza en concluir la obra que tiene entre manos.

Desde su lecho, incapaz de sostener ya la pluma, dicta la dedicatoria de su «Persiles» al conde de Lemos.

—Decid, señor Cervantes —dice el escribano.

El enfermo, con la cabeza reclinada sobre la alta almohada y los ojos brillantes por la fiebre, musita:

»*Puesto ya el pie en el estribo*
con las ansias de la muerte,
gran señor, ésta os escribo.»

Con esta copla antigua, evocada con serena amargura, inicia la carta destinada al conde de Lemos.

Ayer me dieron la extremaunción y hoy escribo ésta; el tiempo es breve, las ansias crecen, las esperanzas menguan y, con todo esto, no llevo la vida sobre el deseo que tengo de vivir; y quisiera yo ponerhe coto hasta besar los pies de vuestra excelencia, que podría ser fuese tanto el contento de ver a vuestra excelencia bueno en España, que me volviese a dar la vida. Pero si está decretado que la he de perder, cúmplase la voluntad de los Cielos y, por lo menos, sepa vuestra excelencia éste mi deseo, y sepa que tuvo en mí un tan aficionado criado de servirle, que quiso pasar aún más allá de la muerte mostrando su intención.

Con todo esto, como en profecía, me alegro de la llegada de vuestra excelencia, regocíjome de verle señalar con el dedo y realégrome de que salieran verdaderas mis esperanzas...

— Dí gracias a Dios lo mismo en duelo y dolor que en alegría, y si no digo en riqueza fue porque el Señor no me probó nunca con esa tentación. Pero permitidme que me alegre de que al fin se haga justicia a mi trabajo.

— Podéis enorgulleceros de él.

Y sí podía enorgullecerse pues de su pluma salieron muchas otras obras que mantuvieron su celebridad.

Novelas Ejemplares — Viaje al Parnaso — Los Trabajos de Persiles y Segismunda

Mas en el curso de aquellos meses la enfermedad de Cervantes se agravó notablemente.

— Escribid la dedicatoria de mi "Persiles". Es para el Conde de Lemos...

— Puesto ya el pie en el estribo, con las ansias de la muerte, gran señor, ésta te escribo...

EL FINAL

Miguel de Cervantes está viviendo los últimos instantes de su vida. En la penumbra de la habitación, mientras fuera empieza a florecer la primavera, el antiguo soldado, el cansado poeta, tal vez evoque el momento en que su célebre personaje se encuentra en la misma situación.

«—Los momentos de hasta aquí, que han sido verdaderos en mi daño, los ha de volver mi muerte, con la ayuda del cielo, en mi provecho. Yo, señores, siento que me voy muriendo a toda priesa: déjense burlas aparte, y tráiganme un confesor que me confiese y un escribano que haga mi testamento; que en tales trances como éste no se ha de burlar el hombre con el alma; y así, suplico que en tanto el señor Cura me confiesa, vayan por el escribano.

»Miráronse unos a otros, admirados de las razones de don Quijote, y, aunque en duda, le quisieron creer; y una de las señales por donde conjeturaron que se moría fue el haber vuelto con tanta facilidad de loco a cuerdo; porque a las ya dichas razones añadió otras muchas tan bien dichas, tan cristianas y con tanto concierto, que del todo les vino a quitar la duda...

»—Verdaderamente se muere, y verdaderamente está cuerdo Alonso Quijano el Bueno...»

Miguel de Cervantes, una vez muerto y enterrado don Quijote de la Mancha, hace que el prudente Cíde Hamete cuelgue su pluma, diciendo:

«—Aquí quedarás desta espetera y deste hilo de alambre, ni sé si bien cortada o mal tajada, péñola mía, donde vivirás luengos siglos, si presuntuosos y malandrines historiadores no te descuelgan para profanarte. Pero antes de que a ti te lleguen, les puedes advertir, y decirles en el modo mejor que pudieras:

¡Tate, tate, folloncicos!
De ninguno sea tocada;
Porque esta empresa, buen rey,
Para mí estaba guardada.

»Para mí sola nació don Quijote, y yo para él; él supo obrar y yo escribir; somos los dos para uno, a despecho y pesar del escritor fingido y tordesillesco que se atrevió, o se ha de atrever, a escribir con pluma de avestruz grosera y mal deliñada las hazañas de mi valeroso caballero, porque no es carga de sus hombros, ni asunto de su resfriado ingenio; a quien advertirás, si acaso llegas a conocerle, que deje descansar en la sepultura los cansados y ya podridos huesos de don Quijote, y no le quiera llevar, contra todos los fueros de la muerte, a Castilla la Vieja, haciéndole salir de la fuesa, donde real y verdaderamente yace...»

La pluma de Miguel de Cervantes también yace inerte. Ahora, en su mano derecha se le va entrando el dolor de otra herida, más terrible que la herida gloriosa de su mano izquierda: el dolor inmenso, irremediable, de que nunca más volverá a tomar la pluma. Nunca más.

El día 2 de abril Miguel de Cervantes ingresa en la orden Tercera de San Francisco, la misma orden a la que pertenecieron sus hermanas ya difuntas.

2

Miguel de Cervantes murió el 23 de abril de 1616.

Amortajado con el hábito de la Orden y con un crucifijo entre las manos, su perfil aguileño recordaba el de don Quijote.

El ataúd fue llevado a hombros por los hermanos de la congregación y fue enterrado en la iglesia de las Trinitarias.

El poeta Juan de Urbina compuso un epitafio para su tumba, pero posteriores transformaciones del edificio hicieron que se perdiese el recuerdo del lugar donde se colocó aquella tumba.

Caminante, el peregrino
Cervantes aquí se encierra...

Peregrino hasta el fin, viajero incansable en todos los caminos, no importa que el pobre ataúd que contenía tus huesos haya sido movido y perdido. Como dice el poeta Urbina:

Y DESPUÉS DE ESTAMPAR SU FIRMA AL PIE DE AQUELLA CARTA, MIGUEL DE CERVANTES DEJÓ DE EXISTIR. (1)

AMORTAJADO CON EL HÁBITO DE LA ORDEN TERCERA, CERVANTES SALIÓ DE SU CASA A HOMBROS DE LOS HERMANOS FRANCISCANOS.

Y SOBRE LA LOSA QUE CUBRIÓ SU SEPULTURA, SE ESCRIBIÓ UN BELLO EPITAFIO.

CAMINANTE EL PEREGRINO CERVANTES AQUÍ SE ENCIERRA: SU CUERPO CUBRE LA TIERRA, NO SU NOMBRE, QUE ES DIVINO.

PERO SI MIGUEL DE CERVANTES FUE ENTERRADO, COMO MORTAL QUE ERA, SU NOMBRE SOBREVIVE A TRAVÉS DE LOS SIGLOS, LLEVADO A TRAVÉS DEL TIEMPO Y DE LAS FRONTERAS, DE LENGUAS Y DE RAZAS, EN LA PUNTA DE LA LANZA DE DON QUIJOTE, O EN EL ZURRÓN DE LOS REFRANES DE SANCHO PANZA, AQUELLOS SUS PERSONAJES QUE LE CONVIRTIERON EN INMORTAL.

Fin

(1) Miguel de Cervantes murió, casi en la miseria, el 23 de abril de 1616 (N. del Editor)

... en fin hizo su camino;
pero su fama no es muerta
si sus obras, prenda cierta
de que puso a la partida
desde ésta a la otra vida
ir, la cara descubierta.

Sin embargo, si alguna vez la tumba es hallada, si es rescatada de la ingratitud y el olvido, tal vez alguien, bendito sea, ponga en ella el mismo epitafio que tú escribiste para don Quijote:

Yace aquí el Hidalgo fuerte
Que a tanto extremo llegó
De valiente, que se advierte
Que la muerte no triunfó
De su vida con su muerte.

FIN

LINCOLN

CERVANTES

HERNÁN CORTÉS

COLÓN